é hora de
mudarmos de via

Do autor:

Amor, poesia, sabedoria
A cabeça bem-feita
O caminho da esperança
Ciência com consciência
Como viver em tempo de crise?
Conhecimento, ignorância, mistério
Cultura e barbárie europeias
Edwige, a inseparável
Filhos do céu
Meu caminho
Meus demônios
Minha Paris, minha memória
O mundo moderno e a questão judaica
A religação dos saberes
Rumo ao abismo?
A via

EDGAR MORIN
é hora de mudarmos de via
as lições do coronavírus

com a colaboração de
SABAH ABOUESSALAM

Tradução
IVONE C. BENEDETTI

2ª edição

2021

EDITORA-EXECUTIVA
Renata Pettengill

SUBGERENTE EDITORIAL
Marcelo Vieira

ASSISTENTE EDITORIAL
Samuel Lima

ESTAGIÁRIA
Georgia Kallenbach

DIAGRAMAÇÃO
Beatriz Carvalho

TÍTULO ORIGINAL
Changeons de voie

CIP-BRASIL. CATALOGAÇÃO NA PUBLICAÇÃO
SINDICATO NACIONAL DOS EDITORES DE LIVROS,RJ

M85e
2ª. ed.

Morin, Edgar, 1921

É hora de mudarmos de via: lições do coronavírus / Edgar Morin; [tradução Ivone Castilho Benedetti], colaboração Sabah Abouessalam. – 2ª. ed. – Rio de Janeiro: Bertrand Brasil, 2021

Tradução de: Changeons the voie
ISBN 978-85-28624-85-4

1. Coronavírus (Covid 19). 2. Epidemias - Aspectos sociais. 3. Mudança social. I. Benedetti, Ivone Castilho. II. Abouessalam, Sabah. III. Título.

20-65966

CDD: 303.485
CDU: 316.4:616-036.22

Camila Donis Hartmann – Bibliotecária – CRB-7/6472

Copyright © Éditions Denoël, 2020

Texto revisado segundo o novo Acordo Ortográfico da Língua Portuguesa

2021
Impresso no Brasil
Printed in Brazil

Todos os direitos reservados. Não é permitida a reprodução total ou parcial desta obra, por quaisquer meios, sem a prévia autorização por escrito da Editora.

Direitos exclusivos de publicação em língua portuguesa somente para o Brasil adquiridos pela:
EDITORA BERTRAND BRASIL LTDA.
Rua Argentina, 171 — 3º andar — São Cristóvão
20921-380 — Rio de Janeiro — RJ
Tel.: (21) 2585-2000 — Fax: (21) 2585-2084

Atendimento e venda direta ao leitor:
sac@record.com.br

Sumário

Preâmbulo
Cem anos de vicissitudes 9

    A gripe espanhola 9

    A crise mundial de 1929 10

    Formação do ciclone, 1930-1940 11

    A Segunda Guerra Mundial 13

    A grande crise intelectual dos anos 1956-1958 15

    Maio de 68 16

    A crise ecológica 17

    Resistência em duas frentes 18

Introdução 21

Capítulo 1
As 15 lições do coronavírus 23

    1. Lição sobre nossa existência 23

    2. Lição sobre a condição humana 24

3. Lição sobre a incerteza de nossa vida 25
4. Lição sobre nossa relação com a morte 26
5. Lição sobre nossa civilização 27
6. Lição sobre o despertar da solidariedade 28
7. Lição sobre a desigualdade social no isolamento 29
8. Lição sobre a diversidade das situações e da gestão da epidemia no mundo 30
9. Lição sobre a natureza de uma crise 31
10. Lição sobre a ciência e a medicina 32
11. Uma crise da inteligência 34
12. Lição sobre as insuficiências de reflexão e ação política ... 36
13. Lição sobre deslocalizações e dependência nacional 39
14. Lição sobre a crise da Europa 40
15. Lição sobre o planeta em crise 40

Capítulo 2
Desafios do pós-corona 43

1. Desafio existencial 44
2. Desafio da crise política 45
3. Desafio de uma globalização em crise 46
4. Desafio da crise da democracia 46
5. O desafio digital 48
6. O desafio da proteção ecológica 48

7. Desafio da crise econômica	49
8. O desafio das incertezas	50
9. O perigo de um grande retrocesso	50

Capítulo 3
Mudar de via — 55

1. Uma política da nação	56
2. Uma política civilizacional	71
3. Uma política da humanidade	77
4. Uma política da Terra	82
5. Por um humanismo regenerado	84

Conclusão — 95

Preâmbulo

Cem anos de vicissitudes

A gripe espanhola

Sou uma vítima da epidemia de gripe espanhola; aliás, morri dessa gripe; ou melhor, nasci morto e fui reanimado pelos tapas ininterruptos do ginecologista que me manteve suspenso pelos pés durante trinta minutos.

 Na verdade, sou uma vítima indireta. Na juventude, Luna Beressi, que viria a ser minha mãe, contraíra uma lesão cardíaca, em 1917, acredito. Casada, não podia ter filhos, pois o parto lhe seria fatal. Esse impedimento não foi revelado ao marido Vidal. Quando engravidou, ela foi consultar uma "fazedora de anjos" clandestina (a possibilidade de interrupção voluntária da gravidez só será instituída meio século depois), que lhe deu abortivos eficazes; para o marido, ela alegou que sofrera um aborto espontâneo, e ele voltou a exercer com ardor seus deveres conjugais. Grávida de novo, ela recorreu pela segunda vez à fazedora de anjos, que lhe administrou os abortivos, mas, ninguém sabe por quê, o feto se segurou firme. Perturbadíssimo, ele nasceu pelos pés, estrangulado pelo cordão umbilical, na manhã de 8 de julho de 1921. O ginecologista prometera salvar a mãe. Salvou mãe e filho.

Não tenho nenhuma lembrança do acontecimento, mas guardo sua marca até hoje, que é uma sensação de asfixia que às vezes me domina, dando-me a impressão de sufocar; dela me livro com um profundo suspiro. Noventa e nove anos depois, é o coronavírus, descendente indireto da gripe espanhola (H1N1), que vem me convidar para o encontro gorado quando nasci.

Como eu gostaria de tocar alguns projetos e ainda conhecer algumas alegrias, espero me esquivar desse encontro, mas *chi lo sa?**

A crise mundial de 1929

Em 1930 tenho nove anos. Meus pais resolveram ir morar em Rueil, Île-de-France, numa casa que meu pai decidiu construir de acordo com os desejos de minha mãe — estrutura de pedra com terraço em vez de telhado, grandes sacadas de ferro forjado, paredes pintadas de cores suaves. Mas foi o ano em que a crise se abateu sobre a França e atingiu o comércio de meu pai. Ele perdeu muitas de suas receitas, deixou de ter os fundos de que acreditava dispor para a construção da casa e se conformou com o fato de terminá-la com tijolos, que também substituiria o ferro forjado das sacadas; em suma, mandou terminar uma *villa* que minha mãe, quando descobriu, achou horrorosa. Testemunhei, sem entender bem, as brigas incessantes dela com meu pai.

Finalmente, fomos morar em Rueil no fim da primavera de 1931. Minha mãe, depois de passar algumas semanas lá, saiu apressada certa manhã para pegar o trem de subúrbio que a levaria a Paris. Por pouco não o perdeu. Sentou-se, parecendo dormir, e nunca mais acordou. Acharam-na morta na estação Saint-Lazare, vítima da lesão cardíaca causada pela gripe espanhola.

---

* *Quem sabe?* — em italiano no original. [N.T.]

Estou com dez anos e moro com meu pai, vítima da grande depressão econômica que assola o mundo. Dessa crise econômica não vi nada, não entendi nada, só constatei que, a partir desse momento e durante alguns anos, meu pai esteve muito preocupado com a redução dos gastos e suspendeu nossas férias anuais na Saboia.

Resumindo, em 1921 e em 1931, minha vida foi transtornada pela gripe espanhola. A partir de 1931, minha mente foi se formando sob o impacto dos sucessivos choques provocados pela conjunção dos efeitos do Tratado de Versalhes, que pôs fim à Primeira Guerra Mundial e instilou os germes da Segunda, e dos da crise econômica de 1929, que entrou pelos anos 1930, provocando desastres políticos e sociais.

Formação do ciclone, 1930-1940

Não guardo lembrança do 30 de janeiro de 1933, quando Hitler se tornou chanceler da Alemanha. Ainda não entendia nada, mas lembro que, no rádio e nos cinejornais, um homenzinho de cabelo preto, mecha caída na testa, berrava discursos históricos, entrecortados por aclamações exaltadas de massas humanas metidas em uniformes castanhos.

Tenho treze anos quando a política entra na minha cabeça, impelida tempestuosamente para dentro de minha classe em fevereiro de 1934. A impotência econômica do governo, aliada à corrupção revelada por vários escândalos (entre os quais o do caso Stavisky, que supostamente se suicidou em 8 de janeiro de 1934), provocou uma revolta antiparlamentar. Em 6 de fevereiro, os revoltosos marcharam contra a Câmara dos Deputados e foram barrados pelos tiros da Guarda Nacional; saldo: cerca de quinze mortos e dois mil feridos. Em pouco tempo, comunistas e socialistas aliaram-se numa frente antifascista, que se tornou popular; a partir daí começou um grande confronto entre direita e esquerda, pró-fascistas e antifascistas.

Foi assim que, em fevereiro de 1934, o conflito invadiu minha classe do liceu Rollin. Os filhos de pais direitistas e os de pais esquerdistas insultavam-se mutuamente e às vezes chegavam às vias de fato. Eu contemplava aquela agitação do alto de meu ceticismo (formado na leitura de Anatole France). Mas em breve teria de embarcar na História.

Já em 1933 teve início uma marcha implacável para a guerra, hoje retrospectivamente evidente, mas na época vivida num sonambulismo alucinado por povos e governos. Em 1933, a Alemanha hitleriana abandonou a Sociedade das Nações e começou a se rearmar. Em outubro de 1935, a Itália fascista invadiu a Etiópia. Em maio de 1936, vitória da Frente Popular na França. Em junho de 1936, começa a Guerra Civil Espanhola. Em 1937, o Japão invade a China. Nos dias 29 e 30 de setembro de 1938 foram assinados os acordos de Munique, em que os ingleses e franceses entregaram os montes Sudetos da Tchecoslováquia à Alemanha.

A partir de 1938, tudo se precipitou, até 23 de agosto de 1939, data em que foi assinado o inacreditável e espantoso pacto germano--soviético. Depois, a guerra e a capitulação francesa ocorreram em 22 de junho de 1940.

De fato, a década 1930-1940 foi um período em que, tal como uma depressão atmosférica se transforma progressivamente em ciclone devastador, a enorme depressão econômico-política se transformou num formidável ciclone, até a extrema barbárie de uma guerra que se tornou mundial em 1941. Esses acontecimentos perturbadores me transformaram e formaram. Tudo estava em questão, tudo era problema: democracia, capitalismo, fascismo, antifascismo, comunismo stalinista, comunismo antistalinista (trotskismo), reforma, revolução, nacionalismo, internacionalismo, terceira via, guerra e paz, verdade/erro.

Vivi a adolescência me perguntando: o que pensar? O que fazer?

Finalmente, em 1938, entrei para o pequeno Partido Frontista, que prescrevia a luta em dois *fronts* — contra o stalinismo e o hitlerismo

— e em oposição à guerra. Ao mesmo tempo, incentivado a ler Marx por meu amigo Delboy, descobri que toda política deve se basear numa concepção do homem, da sociedade e da história. Enveredei nessa direção ao me matricular na universidade em história, sociologia, filosofia, ciência econômica, ciências políticas. Essa busca não me abandonou e é o fermento de toda a minha obra.

A Segunda Guerra Mundial

Tudo foi inesperado: a resistência finalmente vitoriosa da aviação britânica aos ataques em massa da Luftwaffe à Inglaterra em 1940; o desencadeamento da ofensiva alemã contra sua aliada soviética em junho de 1941; o colapso dos exércitos soviéticos em alguns meses, a quase conquista da Rússia Europeia, a chegada às portas de Moscou; a resistência de Moscou e a primeira vitória soviética em dezembro de 1941; paralelamente, o ataque surpresa da aviação japonesa a Pearl Harbor, provocando a entrada dos Estados Unidos numa guerra que se tornava mundial. A resistência de Stalingrado durante seis meses e a capitulação do marechal von Paulus em janeiro de 1943.

Depois a vitória se tornou provável com o avanço irresistível das tropas soviéticas, libertando a URSS, e o desembarque anglo--americano na Normandia. A Alemanha parecia prestes a desabar no começo do outono de 1944. Mas a ofensiva de von Rundstedt nas Ardenas em dezembro de 1944 foi inesperada, assim como a resistência ferrenha da Alemanha até maio de 1945.

Esse gigantesco turbilhão histórico, iniciado em 1930, confundiu os pensamentos em todos os sentidos. Nacionalistas tornaram-se colaboracionistas. Outros se tornaram comunistas. Os comunistas furiosamente anti-hitleristas deixaram de sê-lo para se tornar antibritânicos, depois voltaram a ser anti-hitleristas a partir de junho de 1941. Socialistas tornaram-se fascistas. Pacifistas, como eu, tornaram-se resistentes. Outros resvalaram para a colaboração.

Petainistas tornaram-se gaullistas, enquanto boa parte dos franceses era petainista-gaullista. Nesse turbilhão, a Resistência suscitou ideias políticas e sociais regeneradoras que ganharam corpo no programa do CNR (Conselho Nacional da Resistência), ressuscitado hoje em dia, em plena crise provocada pelo coronavírus.

Na França, sob a Ocupação, pudemos acompanhar pela rádio inglesa, com paixão, angústia e entusiasmo, as batalhas. Elas foram vivenciadas por procuração, e os que se engajaram na Resistência tiveram o sentimento de estar participando de um combate contra a barbárie pela salvação do gênero humano (ocultando as barbáries de nosso próprio campo).

No que me diz respeito, a guerra me transformou em comunista, embora toda a minha cultura anterior tivesse me dado pleno conhecimento dos vícios e das mentiras stalinistas. Precisei realizar uma conversão intelectual, que acreditava ser racional, na verdade místico-religiosa, para aderir ao novo messianismo que prometia a emancipação da humanidade. Dito isso, minha Resistência foi antinazista e jamais antialemã, ainda que a propaganda de guerra do partido fosse "antiboche". Além disso, mesmo sendo comunista, eu militava num movimento gaullista de Resistência, e, mesmo estando ligado por um cordão umbilical ao partido, continuava independente. Tive um fervor de alguns anos, que desapareceu e depois se transformou em seu contrário nos três anos em que se impôs a segunda glaciação staliniana.* E então, da deriva de meu intelecto sob o curso violento dos acontecimentos, tirei, em meu livro *Autocritique*, a lição de me defender de quaisquer derivas, de manter em mim a vigilância crítica e autocrítica, de revisar minhas ideias quando sobrevenham novas experiências históricas. Mas a principal lição da guerra foi de resis-

---

* Edgar Morin (*Autocritique*, Paris, Le Seuil, 1975, p. 89) chama de segunda glaciação staliniana a fase iniciada em 1948, com grande fechamento do regime e tutela da arte pelo Partido Comunista. [N.T.]

tência. Sou muito feliz por ter assumido na época o grande risco, ao me engajar na Resistência.

Depois disso, precisei ser levado a resistir de novas maneiras. Houve a guerra da Argélia, de 1954 a 1962, em que tomei o partido do direito da Argélia à independência, sem apoiar a FLN (Frente de Libertação Nacional) e defendendo a honra do primeiro resistente argelino caluniado pela FLN, Messali Hadj. Depois, após o esmagamento da revolução húngara em novembro de 1956, tornei-me inimigo irredutível da mentira e da opressão do sistema stalinista.

A grande crise intelectual dos anos 1956-1958

Em 1956 ocorreu um fato espantoso: o relatório de Nikita Khrushchov, que se tornara secretário-geral do partido comunista soviético, denunciou os crimes do quase divinizado Stálin. Seguiram-se uma revolta popular e uma revolução na Polônia e na Hungria, então submetidas à URSS. A revolução húngara foi esmagada de modo sangrento. Simultaneamente, uma guerra entre Israel e Egito provocou a intervenção armada franco-britânica em Suez, contida por iniciativa conjunta dos Estados Unidos e da URSS. Em maio de 1958, em plena guerra da Argélia, um golpe de generais derrubou a IV República e conduziu à ascensão de De Gaulle ao poder. Todos esses acontecimentos afetaram as convicções mais arraigadas nas mentes de esquerda sobre a URSS, o comunismo, a democracia. Como estava dirigindo a revista *Arguments,* que, fundada em 1957 com alguns amigos, dedicava-se a questionamentos e debates, empreendi uma grande reavaliação de minhas ideias. Estimulado pela reflexão com grupos de discussão e, depois, por experiências na Califórnia, passei a abordar o problema-chave dos fundamentos de nosso modo de conhecimento e da busca de um pensamento que possa responder aos desafios da complexidade do mundo, especialmente humano. Reflexão que farei durante os trinta anos de gestação de *O Método*.

Maio de 68

A explosão estudantil de maio de 68 na França era ao mesmo tempo previsível e inesperada. Previsível porque em vários países haviam surgido revoltas estudantis, e lembro-me de, em março de 1968, ter dado uma conferência em Milão sobre o caráter internacional dessas revoltas. Além disso, naquele mesmo mês, eu havia mergulhado repentinamente numa agitação na universidade de Nanterre, aonde ia para substituir o curso de Henri Lefebvre, que fora convidado a ir à China. Portanto, eu estava alerta quando a rebelião passou de Nanterre para a Sorbonne e pude acompanhá-la e tratá-la no calor dos acontecimentos no jornal Le Monde. Vi naquelas revoltas uma aspiração à "verdadeira vida", vi também que tal aspiração foi cooptada por trotskistas e maoistas. Minha simpatia pela confraternização juvenil eclipsou em minha mente as intolerâncias e o "CRS SS"* dos revoltosos. Imprevisto foi a França ter sido o único país onde uma revolta estudantil arrastou todos os trabalhadores a uma greve geral. Por isso, houve escassez de gasolina, paralisação dos transportes, inclusive aéreos, dificuldades de abastecimento, o que acabou por converter a opinião pública inicialmente favorável aos estudantes num quase plebiscito gaullista nas eleições. Maio de 68 confirmou minha ideia de que a adolescência (que se prolonga socialmente nos estudantes até que eles se integrem no mundo adulto), desde o iê-iê-iê dos anos 1960, constituía uma classe biossocial dotada de relativa autonomia, com costumes e linguagem próprios, aspirando àquela outra vida e àquela outra sociedade que os revolucionários prometiam.

Mas, enquanto alguns chegaram a acreditar que a Revolução fazia seu ensaio geral, e outros, que a economia recebia um golpe mortal da revolta, meus amigos Lefort, Castoriadis e eu diagnosticamos uma

---

* CRS = Compagnie Républicaine de Sécurité (lit., Companhia Republicana de Segurança), força policial cuja função é manter a ordem em eventos especiais, atuar em missões de resgate, manifestações etc. O slogan CRS SS equipara essa força à SS nazista. [N.T.]

brecha na linha de flutuação de nossa civilização. De fato, a economia voltou a andar, como que impelida por uma chicotada, e os chamados "Trinta Anos Gloriosos" retomaram seu curso. O que acontecera parecia enorme e insignificante. Na verdade, houve uma intensa e longa cauda de cometa com um empuxo acelerador no longo e lento processo de emancipação feminina, certa liberalização dos costumes, uma compreensão das homossexualidades. Depois, a importância de maio de 68 foi se reduzindo com o tempo. Poucos anos depois ocorreu um fato que passou despercebido, que teve importância enorme e está mal começando a revolucionar nossa vida, nossas sociedades, nosso mundo: o relatório Meadows.

A crise ecológica

Meadows, professor do MIT (Massachusetts Institute of Technology), publicou em 1972 um relatório que revelava as degradações cada vez mais amplas e rápidas do meio natural, não só locais (lagos, rios, cidades), mas globais (oceanos, planeta). Esse documento de ciência ecológica foi a catálise que deu origem à consciência ecológica: a degradação da biosfera produz a degradação da antroposfera, afetando os alimentos, os recursos, a saúde e o psiquismo dos seres humanos. Eu tivera a oportunidade de ganhar consciência ecológica na Califórnia em 1969-1970, especialmente ao ler um artigo profético de Erlich sobre a morte dos oceanos, mas foi o relatório Meadows que me esclareceu e fez de mim um dos pioneiros de uma política ecológica. Tal política não se limita a proteger os ambientes naturais, mas também tende a proteger os ambientes humanos, e para isso precisamos transformar nossos pensamentos, nossos costumes, nossa civilização, no sentido em que este livro define a ecopolítica e a política civilizacional.

O que quero notar aqui é a extrema lentidão da tomada de consciência ecológica, sua insuficiência cinquenta anos depois e a indigência da ação política e econômica para evitar os desastres correlativamente humanos e naturais. Isso decorre de uma cultura em que a Bíblia, os Evangelhos, a filosofia e as ciências humanas dissociaram radicalmente natureza e cultura, homem e animal. Decorre, conjuntamente, dos enormes interesses econômicos, voltados para os lucros imediatos, que ou ocultam o problema ou o negam. As catástrofes nucleares de Chernobyl e Fukushima sacodem por algum tempo a opinião pública que, dopada pelo imediato, volta a dormir. O alerta para o aquecimento global conseguiu finalmente mobilizar uma parte da juventude de diferentes países, que encontrou uma Joana d'Arc na adolescente Greta Thunberg. A crise da pandemia fornece de novo alguma seiva à consciência ecológica. Talvez seja preciso esperar estar na beira do abismo para que seja acionado o reflexo de salvação vital.

Dedico-me a essa causa há meio século. Mas a insiro numa concepção mais global, em que a política integra a ecologia, que integra a política. Nessa concepção, o frenesi tecnoeconômico mundial, animado pela sede insaciável de lucro, é o motor da degradação da biosfera e da antroposfera. Isso me leva de volta a minhas resistências.

Resistência em duas frentes

Assim, fui me dedicando progressivamente a uma resistência intelectual e política às duas barbáries que ameaçam cada vez mais a humanidade: a velha barbárie, vinda do fundo das eras, de dominação, sujeição, ódio, desprezo, que irrompe cada vez mais em xenofobias, racismos generalizados e guerras do Oriente Médio e da África, e a barbárie fria e gélida do cálculo e do lucro, que assume o comando em grande parte do mundo. É nessa resistência que desenvolvi ideias formuladas a partir dos anos 80 do século passado, expostas em livros, artigos e conferências — ideias atualizadas pela megacrise inaugurada pela pandemia.

Essa crise inaugurada pela pandemia surpreendeu-me muito, mas não surpreendeu minha maneira de pensar; ao contrário, a confirmou. Pois, afinal, sou cria de todas as crises que meus 99 anos viveram. O leitor agora pode entender que, para mim, é normal esperar o inesperado, prever que o imprevisível aconteça. Entenderá que temo os retrocessos, que me preocupo com as explosões de barbárie e que detecto a possibilidade de cataclismos históricos. Entenderá também por que não perdi totalmente a esperança. Entenderá, portanto, que quero despertar, redespertar as consciências, dedicando minhas últimas energias a este livro.

Introdução

Um minúsculo vírus surgido de repente numa longínqua cidade da China criou um cataclismo mundial. Paralisou a vida econômica e social em 177 países e engendrou uma catástrofe sanitária cujo saldo nacional e mundial é sombrio e alarmante: mais de quatro bilhões de pessoas confinadas, ou seja, mais ou menos a metade da população mundial, cinco milhões de contaminados no fim de maio e quase 350 mil óbitos.*

É verdade que houve muitas pandemias na história. É verdade que a unificação bacteriana global ocorre desde a conquista das Américas, mas a novidade radical da Covid-19 está no fato de ele dar origem a uma megacrise feita da combinação de crises políticas, econômicas, sociais, ecológicas, nacionais, planetárias, que se sustentam mutuamente com componentes, interações e indeterminações múltiplas e interligadas, ou seja, complexas, no sentido original da palavra *complexus,* "o que é tecido junto".

A primeira revelação fulminante dessa crise inédita é que tudo o que parecia separado é inseparável.

---

* Em agosto de 2020, quando esta tradução foi editada, o relatório da OMS indicava cerca de 20 milhões de casos confirmados e cerca de 730 mil óbitos.

A crise geral e gigantesca oriunda do coronavírus também deve ser vista como um sintoma virulento de uma crise mais profunda e geral do grande paradigma do Ocidente, que se tornou mundial: o da modernidade, nascida no século XVI europeu; a noção de paradigma significa princípio de organização do pensamento, da ação, da sociedade, em suma, de todos os domínios daquilo que é humano. Sou daqueles que acham que maio de 68, a degradação de nossa biosfera, a crise civilizacional, as antinomias da globalização são crises do paradigma-rei; acredito também que a gestação de um novo paradigma ocorre na dor e no caos, mas sem que haja a certeza de que ele possa emergir e impor-se.

Mudança de paradigma é processo longo, difícil, caótico, que esbarra em enormes resistências das estruturas estabelecidas e das mentalidades. É realizada num longo trabalho histórico ao mesmo tempo inconsciente, subconsciente e consciente. A consciência pode contribuir para o avanço do trabalho subconsciente e inconsciente. É aquilo em que acreditamos e aquilo de que queremos fazer parte.

Nunca estivemos tão fechados fisicamente no isolamento e nunca tão abertos para o destino terrestre. Estamos condenados a refletir sobre nossos caminhos, nossa relação com o mundo e sobre o próprio mundo.

O pós-coronavírus é tão preocupante quanto a própria crise. Poderia tanto ser apocalíptico quanto portador de esperança. Muitos comungam a certeza de que o mundo de amanhã não será o mesmo de ontem. Mas como será? A crise sanitária, econômica, política e social conduzirá ao desmembramento de nossas sociedades? Saberemos extrair lições dessa pandemia que revelou a comunhão de destinos para todos os humanos, em ligação com o destino bioecológico do planeta? E eis que entramos na era das incertezas.

O futuro imprevisível está em gestação hoje. Tomara que seja para a regeneração da política, para a proteção do planeta e para a humanização da sociedade: está na hora de mudar de Via.

1

As 15 lições do coronavírus

1. Lição sobre nossa existência

"Como você vive?" Essa era a pergunta que eu fazia a mim mesmo e a outros no documentário *Chronique d'un été* (Crônica de um verão), coproduzido com Jean Rouch em 1960. Essa pergunta, mais atual que nunca, tornou-se premente no isolamento.

A experiência do isolamento precisa, em primeiro lugar, abrir nossos olhos para a existência daqueles que o suportam na penúria e na pobreza, que não tiveram acesso ao supérfluo e ao frívolo e merecem atingir o estágio em que se tem o supérfluo.

As injunções do isolamento levaram cada um a refletir sobre seu modo de vida, suas reais necessidades, aspirações, reprimidas naqueles que se submetem à rotina condução-trabalho-cama, esquecidas nos que gozam de uma vida menos oprimida e geralmente mascaradas pelas alienações do dia a dia ou recalcadas na "diversão" pascaliana, que nos distrai dos verdadeiros problemas de nossa condição humana.[1]

---

[1] Mas, diferentemente de Pascal, devemos estabelecer a distinção entre essa diversão que nos distrai do essencial e nos leva ao frívolo e a felicidade que encontramos na leitura, na

O isolamento deve sobretudo abrir para o essencial da existência, tanto por parte dos desafortunados cativos de suas servidões quanto daqueles afortunados cativos do imediato, do secundário e do fútil: amor e amizade para nosso desenvolvimento individual, comunhão e solidariedade de nossos Eus no conjunto de Nós, destino da humanidade de que cada um de nós é uma partícula.

2. Lição sobre a condição humana

Antes da década de 1970 e do relatório Meadows[2] sobre a degradação da biosfera terrestre, o homem acreditava ter dominado a natureza. Antes da década de 1980 e da irrupção da AIDS, a ciência acreditava ter eliminado vírus e bactérias; antes de 2008, os economistas oficiais garantiam que estava excluída toda e qualquer crise; antes de 2020, a humanidade havia relegado as grandes epidemias à Idade Média.

Nossa fragilidade estava esquecida; nossa precariedade, ocultada. O mito ocidental do homem cujo destino é tornar-se "senhor e dono da Natureza" desmorona diante de um vírus. Esse mito já tinha sido ferido no coração pela consciência ecológica que vem demonstrando há algumas décadas que, quanto mais senhores nos tornamos da biosfera, mais nos tornamos dependentes dela; quanto mais a degradamos, mais degradamos nossa vida.

No entanto, a convicção de que o progresso tecnoeconômico constitui por si só o Progresso humano e de que a livre concorrência e o crescimento econômico são condições mestras do aumento do bem-estar social continua a dirigir o mundo ocidental e chega a provocar o delírio eufórico do trans-humanismo. Este prediz que o

---

audição ou na visão das obras-primas que nos ajudaram tanto a atravessar a reclusão e nos fazem olhar de frente nosso destino humano.

2 Donella Meadows, Dennis Meadows, Jørgen Randers e William W. Behrens III, *"Limites do Crescimento, um relatório para o Projeto do Clube de Roma sobre o Dilema da Humanidade"*, 1972.

homem atingirá a imortalidade e controlará todas as coisas por meio da inteligência artificial. Essa promessa leva ao paroxismo o mito da necessidade histórica do progresso e do domínio pelo homem não só da natureza, mas também de seu destino. Ora, o extremo poder da técnica e da ciência não abole a debilidade humana diante da dor e da morte. Embora possamos atenuar a dor e retardar a morte pelo envelhecimento, nunca poderemos eliminar os acidentes fatais em que nosso corpo será aniquilado; nem nos livrar de bactérias e vírus, que estão o tempo todo se automodificando para resistir a medicamentos, antibióticos, antivirais, vacinas. Somos jogadores/joguetes, possuidores/possuídos, poderosos/fracos.

Precisamos tomar consciência do paradoxo que faz o aumento de nosso poder andar de mãos dadas com o aumento de nossa fragilidade. Como escreveu Pascal: "É perigoso mostrar demais ao homem como ele é igual aos animais, sem lhe mostrar sua grandeza, e é também perigoso mostrar-lhe demais sua grandeza sem sua baixeza. Mais perigoso ainda é deixá-lo ignorar as duas."[3]

E como não nos fazer uma pergunta que não tem lugar nenhum nos currículos escolares, mas diz respeito a cada um de nós: o que é ser humano?[4]

3. Lição sobre a incerteza de nossa vida

Há alguns meses, a epidemia e suas consequências nos põem diante de um festival de incertezas que vai durar ainda. Essas incertezas se

---

3 "Pois, afinal, o que é o homem na natureza? Um nada em relação ao infinito, um tudo em relação ao nada, um meio entre nada e tudo. Infinitamente distante de compreender os extremos, para ele o fim e o princípio das coisas estão invencivelmente ocultos num segredo impenetrável, sendo ele tão incapaz de ver o nada do qual foi extraído quanto de ver o infinito que o engole." Pascal, "Os dois infinitos", *Pensamentos*, 1669.
4 Ver a respeito meu livro *La Méthode. L'Identité humaine* (vol. V), Seuil, 2001 [trad. brasileira: *O Método, a humanidade da humanidade, a identidade humana*, vol. 5, Editora Sulina, Porto Alegre, s/d, trad. Juremir Machado da Silva].

referem à origem do vírus, à sua propagação desigual, às suas mutações, aos tratamentos, ao método correto de prevenção (isolamento, testes em massa, uso de máscara, rastreamento de contato), a seu eventual desaparecimento ou à regressão para o estado endêmico, às suas sequelas políticas, econômicas, sociais, nacionais, planetárias.

Isso nos incita a reconhecer que, mesmo escondida e recalcada, a incerteza acompanha a grande aventura da humanidade, cada história nacional, cada vida "normal". Pois toda vida é uma aventura incerta: não sabemos de antemão o que serão para nós a vida pessoal, a saúde, a atividade profissional, o amor, nem quando ocorrerá a morte, ainda que esta seja indubitável. Com o vírus e com as crises que se seguirão, provavelmente conheceremos mais incertezas que antes e precisamos nos aguerrir para aprender a conviver com isso.[5]

4. Lição sobre nossa relação com a morte

A modernidade laica recalcara ao máximo o espectro da morte, exorcizado apenas pela fé dos cristãos na ressurreição. Na França, assim como na Europa ocidental, 75 anos de paz e aumento da expectativa de vida haviam ocultado uma morte que só reaparecia durante algum tempo nas famílias enlutadas.

De repente o coronavírus provocou a irrupção, no imediato da vida cotidiana, da morte pessoal até então postergada para o futuro. A ciência biológica e a arte médica, apesar de seu arsenal de remédios e vacinas, viram-se desarmadas diante do misterioso vírus mortífero.

Todos os dias contamos os mortos, o que alimentou e até aumentou o medo da imediatez da morte, ainda que a taxa de mortalidade do coronavírus seja inferior a 3% dos casos de contágio.

---

5 Edgar Morin, *Les Sept Savoirs nécessaires à l'éducation du futur*, Unesco-Seuil, 2000 [ed. bras. *Os sete saberes necessários à educação do futuro*, Edições UNESCO Brasil/Cortez Editora, São Paulo, 2000, trad. Catarina Eleonora F. da Silva e Jeanne Sawaya; revisão técnica de Edgard de Assis Carvalho].

O isolamento deixou tragicamente sozinhos os agonizantes intubados e presos ao respirador, sem mão amorosa segurando a sua. Deixou distantes do ente amado, em seus últimos dias, cônjuges, pais e filhos. O isolamento impediu a cerimônia fúnebre e obrigou a realizar enterros apressados.

Esse vazio nos lembra cruelmente que a morte de um ente querido exige que ele seja acompanhado até o sepultamento ou a cremação. Os sobreviventes precisam dividir a dor numa comunhão. Precisam dos ritos de adeus e de uma cerimônia coletiva que comporte a refeição fúnebre. A falta de cerimônia consoladora levou as pessoas, inclusive as laicas como eu, a sentir a necessidade de rituais que façam a pessoa morta reviver intensamente em nosso espírito e atenuem a dor numa espécie de eucaristia[6].

5. Lição sobre nossa civilização

Nossa civilização nos incita a levar vida extrovertida, voltada para fora, para o exterior, transporte, trabalho, *happy hour*, restaurantes, encontros, viagens. Paramos diante de vitrines: uns de butiques, outros de lojas de produtos alimentícios, circulando fascinados por *shoppings* e imensos supermercados, atraídos por campanhas de descontos, seduzidos por uma roupa, uma guloseima ou um aparelho qualquer. A publicidade, presente nos muros das cidades, nas estações de metrô, nas sessões de cinema, nos programas de televisão e até nos vídeos do YouTube, desperta a pulsão de compra, o sonho do carro novo, de fazer um cruzeiro, de visitar uma ilha tropical. O isolamento nos tornou subitamente reclusos dentro de nossa própria casa e às vezes dentro de nós mesmos.

---

[6] Propus uma reforma dos funerais laicos em *La Voie*, Fayard, 2011 [ed. bras. *A via: para o futuro da humanidade*, Bertrand Brasil, Rio de Janeiro, 2013, trad. Edgard de Assis Carvalho e Mariza Perassi Bosco].

Para todos os que não são vítimas da pobreza, as injunções do isolamento, reduzindo as compras ao indispensável, mostraram que muita coisa supérflua nos parecia necessária. Não podendo mais ceder às pulsões de compra, percebemos a intoxicação consumista que nossa civilização favoreceu. Reformulando por obrigação nosso modo de consumo, preferimos naturalmente o essencial ao inútil, a qualidade à quantidade, o durável ao descartável.

Isso nos convida a refletir sobre uma civilização que incita permanentemente ao consumo indiscriminado.

6. Lição sobre o despertar da solidariedade

As várias manifestações de solidariedade que surgiram na provação geral revelaram as carências de solidariedade na chamada situação "normal" — carências provocadas pelo próprio desenvolvimento de nossa civilização, que reduz a solidariedade ao extremo, sob efeito de um individualismo cada vez mais egoísta, somado ao efeito de uma compartimentação social cada vez mais fracionada. Na verdade, a solidariedade estava adormecida em cada um de nós e despertou durante a provação vivenciada em comum.

Para suprir a insuficiência dos poderes públicos na oferta de máscaras, assistimos à proliferação de atitudes e invenções solidárias, com produções alternativas por parte de empresas reconvertidas, confecção artesanal ou doméstica; também vimos a união de produtores locais, entregas gratuitas em domicílio, ajuda entre vizinhos, fornecimento de refeições gratuitas aos sem-teto, guarda de crianças, contatos mantidos nas piores condições entre professores e alunos.

Vimos a ressurreição, ainda que simbólica, da solidariedade nacional quando a Itália cantava seu hino nas sacadas, quando a França, a Bélgica, a Espanha e tantos outros países aplaudiam seus profissionais da saúde a cada noite. E nos países do Sul, especialmente, onde ainda está viva a solidariedade tradicional, esta foi amplificada graças à multiplicação da ajuda e do socorro mútuos.

A crise também estimulou inúmeras mentes, que buscaram e formularam remédios para os males que ela provocou ou exacerbou. Abundaram textos de intelectuais, cientistas e médicos, declarações, sugestões, apelos de artistas solidários, além de reflexões e propostas de cidadãs e cidadãos para diagnosticar e prognosticar, bem como para expor as bases de uma nova política que possa reformar ou mesmo transformar a sociedade.

7. Lição sobre a desigualdade social no isolamento

O isolamento serviu de lente de aumento para as desigualdades sociais: a pandemia acentuou dramaticamente as desigualdades socioespaciais. Nem todo mundo tem residência extra para fugir da cidade. Algumas condições exíguas de moradia para famílias com filhos tornam o isolamento inviável, sem falar dos sem-teto, dos refugiados chamados de migrantes ou imigrantes, para quem esse isolamento foi um sofrimento duplo.

Ele revelou as tristes condições de alguns solitários, solitárias, viúvos, viúvas, mulheres abandonadas, idosos e jovens sem dinheiro.

Mostrou também que aqueles que estão na ponta de baixo da corda — coletores de lixo, operadores de carga, caminhoneiros, caixas ou telefonistas — são mais vitalmente necessários que os grandes acionistas da Bolsa de Paris (em que só uma minoria deu mostras de certa solidariedade). Enquanto jovens da periferia, donos de restaurantes, donas de casa preparavam refeições gratuitas para os desfavorecidos, os da ponta de cima na maioria das vezes ficavam esperando em seus píncaros a hora de puxar de novo a corda para si.

Ora, as profissões que ficaram mais expostas ao contágio e à morte, as que foram mais vitalmente indispensáveis a todos são, na maioria, desvalorizadas, para não dizer às vezes desprezadas, e submetidas aos salários mais baixos. Façamos justiça a enfermeiros, coletores de lixo, entregadores, verdureiros, pequenos agricultores, agentes de segurança, guardas-civis. Façamos também justiça aos médicos hospitalares, aos professores e educadores que, sem interrupção, no auge da crise, revelaram-se não mais funcionários ou profissionais, porém missionários.

O importante é que a partir de agora as profissões desvalorizadas passem a gozar de pleno reconhecimento social, que as profissões dedicadas ao próximo — médicos e professores — sejam confirmadas na grandeza da missão a que se elevaram durante a crise e na qual deveriam ser mantidas.

Por fim, ressaltemos a desigualdade a que estão submetidas as mulheres, majoritariamente presentes na saúde e na educação, cuja remuneração é 22% inferior à dos homens com funções e competências similares. Voltaremos a isso no capítulo 3.

8. Lição sobre a diversidade das situações e da gestão da epidemia no mundo

A epidemia atingiu o mundo de modo desigual. Embora tudo ainda esteja evoluindo enquanto escrevemos, algumas regiões nos países afetados e alguns países do mundo parecem estar sendo relativamente poupados, como a Islândia ou alguns países africanos — talvez a pequena densidade demográfica constitua uma proteção. Outros, ao contrário, passam por terríveis ondas de contaminação e óbitos, como, em primeiro lugar, o Brasil, que vive uma tragédia por ter no comando um presidente irresponsável, bem como o Peru, os Estados Unidos e o México. Em Lima, capital do Peru, a falta de abastecimento de alimentos obrigou centenas de milhares de trabalhadores originários do interior, mas alojados nas cidades para trabalhar, a voltar para suas aldeias a pé, por falta de transportes, muitas vezes a centenas de quilômetros de distância.

Do mesmo modo, as medidas sanitárias, muito diversificadas, tiveram eficácia desigual. Nos países do Sul, o estado de penúria latente sempre aguçou a inventividade. A urgência sanitária provocou intensa criatividade. Também estimulou a ajuda mútua e o socorro aos mais pobres por meio da distribuição em massa de alimentos.

A França e alguns outros países ocidentais mostraram-se despreparados e falhos, enquanto países do Extremo Oriente (Vietnã, Coreia do Sul) ou do Norte da África (Marrocos) enfrentaram o problema de modo mais eficiente. No Marrocos, sob enérgico impulso do Estado, foi constituído um fundo de solidariedade de três bilhões de euros já no início da crise, por meio de doações de empresas e de pessoas físicas. Por esse motivo, em tempo recorde, o número de leitos de UTI duplicou, e hotéis e clínicas particulares foram postos à disposição dos pacientes da Covid-19. Em plena penúria mundial de máscaras, as empresas têxteis marroquinas foram requisitadas e reconvertidas para fabricá-las. Ultimamente, o Marrocos fabricou seis milhões de máscaras por dia e remeteu um número delas aos vizinhos europeus. A inventividade dos industriais e dos cientistas também permitiu criar máscaras capazes de detectar a Covid-19 e fabricar, em plena crise da pandemia, respiradores para salvar vidas.

9. Lição sobre a natureza de uma crise

As crises,[7] além do abalo e da incerteza que provocam, manifestam-se por meio do déficit das regulações de um sistema que, para manter-se estável, inibe ou reprime os desvios (*feedback* negativo). Durante a crise, esses desvios, que deixam de ser reprimidos e se propagam (*feedback* positivo), tornam-se tendências ativas que, caso se desenvolvam, ameaçam desregular e bloquear o sistema em crise. Nos sistemas vivos, sobretudo os sociais, o desenvolvimento vitorioso dos desvios

---

[7] Edgar Morin, *Sur la crise*, Champs Flammarion, 2020.

conduz a transformações retrocessivas ou progressistas, ou mesmo a uma revolução. Assim, a crise de 1929 levou ao poder, na democracia alemã, um partido pequeno e totalmente marginal desde sua criação em 1920, cujo desvio se tornou uma força histórica terrificante. Inversamente, a crise do totalitarismo comunista na Tchecoslováquia levou ao poder em 1989 um intelectual dissidente que ficara muito tempo preso — Václav Havel.

A crise numa sociedade suscita dois processos contraditórios. O primeiro estimula a imaginação e a criatividade na busca de soluções novas. O segundo é a busca do retorno à estabilidade passada ou a adesão a uma salvação providencial. As angústias provocadas pela crise estimulam a procura e a denúncia de um culpado. Esse culpado pode ter cometido os erros que causaram a crise; pode também ser um culpado imaginário, bode expiatório que deve ser eliminado. Todos esses aspectos estão presentes na crise que vivemos. Multiplicam-se e ampliam-se iniciativas para uma nova política, enquanto poderosos *lobbies* intervêm junto ao governo e à mídia em prol do retorno à ordem anterior.

10. Lição sobre a ciência e a medicina

A ciência foi legitimamente convocada pelo poder para lutar contra a epidemia. Mas os cidadãos, de início tranquilizados sobretudo pelo remédio inesperado da experiência do professor Didier Raoult[8], viram-se depois diante de pareceres médicos diferentes e até contrários. Cidadãos mais bem informados também descobriram que alguns grandes cientistas mantinham relações de interesse com a indústria farmacêutica, cujos *lobbies* são poderosos junto a ministérios e mídia.

---
8 Administração de cloroquina mais um antibiótico para tratar a Covid-19.

É a oportunidade de entender que a ciência não é um repertório de verdades absolutas (diferentemente da religião). Suas teorias são biodegradáveis sob o efeito de novas descobertas. Porque as controvérsias, longe de serem anomalias, são necessárias aos progressos das ciências. (No entanto, a virulência da polêmica e os ataques *ad hominem* ultrapassam a controvérsia científica, como se poderosos interesses pessoais ou financeiros estivessem em jogo.)

O progresso científico é em geral produzido ao mesmo tempo por competição e cooperação. Mas a competição pode deteriorar-se em concorrência, como no caso da pesquisa para o tratamento ou a vacina, em detrimento da cooperação, que possibilitaria acelerar a eliminação do vírus.

Por outro lado, a ciência é muito prejudicada pela hiperespecialização, que acarreta a compartimentação dos saberes especializados em detrimento de uma medicina sistêmica, como a praticada pelo professor Auffray, que reúne as contribuições de disciplinas diferentes numa concepção de conjunto, em que a mente não está dissociada do corpo, a pessoa não está separada do ambiente em que vive. Além disso, a supremacia dos especialistas sobre os generalistas é prejudicial ao estabelecimento de sínteses. Vimos nessa crise os médicos generalistas impedidos do direito de prescrever a pacientes da Covid-19 outros remédios além de paracetamol.

Outro sinal da lamentável compartimentação dos saberes é o seguinte: qualquer produto ou vacina que não seja elaborado pela indústria farmacêutica é desdenhado *a priori*. A medicina ocidental, assim, rejeitou terapêuticas asiáticas ou africanas como a *Artemisia*, que, empregada com sucesso contra o paludismo, foi utilizada em Madagascar contra o vírus. A OMS (Organização Mundial da Saúde) reconheceu a utilidade de fazer experiências nesse sentido, ao passo que nossa medicina não manifestou interesse pela eventual ação dessa planta sobre o coronavírus.

A preocupação com a prevenção, que tem inspirado várias técnicas (isolamento, distanciamento social, lavagem das mãos), deixou de aconselhar práticas de higiene alimentar capazes de reforçar a resistência do organismo.

O dinamismo da ciência também é freado pela formação de oligarquias que se tornaram conservadoras e míopes para a descoberta ou a invenção criadora, e são os desviantes, desde Copérnico, passando por Darwin, Pasteur, Einstein, Crick e Watson, que fazem progredir as ciências.

Em matéria de medicina, apesar da urgência vital e massiva, muitos laboratórios preferem guardar segredo sobre seus trabalhos, e foram sobretudo pesquisadores independentes que desde o início da epidemia estabeleceram uma cooperação fecunda.

11. Uma crise da inteligência

Complexidades invisíveis

As deficiências de reflexão que notamos nas lições anteriores revelam em nossa mente o enorme buraco negro que torna invisíveis as complexidades da realidade. Esse buraco negro revela, mais uma vez, as fraquezas do modo de conhecimento que nos foi inculcado: ele nos faz dissociar o que é inseparável e reduzir a um único elemento o que constitui um todo ao mesmo tempo uno e múltiplo; separa e compartimenta os saberes em vez de os ligar; limita-se a prever o provável enquanto o inesperado surge incessantemente. É inadequado para apreendermos as complexidades. Desse modo foram compartimentadas as esferas sanitária, econômica, ecológica, nacional, mundial. Desse modo o inesperado pegou de surpresa Estados e governos.

Acresce que a concepção tecnoeconômica predominante privilegia o cálculo como modo de conhecimento das realidades humanas (taxa de crescimento, PIB, pesquisas de opinião etc.), ao passo que o sofrimento e a alegria, a infelicidade e a felicidade, o amor e o ódio são incalculáveis. Assim, o que nos cega não é apenas a ignorância, mas também o conhecimento.

As insuficiências e carências de conhecimento e pensamento durante a crise confirmam que precisamos de um modo de conhecimento e pensamento capaz de responder aos desafios das complexidades e aos desafios das incertezas. Não podemos conhecer o imprevisível, mas podemos prever sua eventualidade. Não devemos nos fiar nas probabilidades nem esquecer que todo acontecimento histórico transformador é imprevisto.

Ecologia da ação

As ações não obedecem necessariamente às intenções de quem decidiu realizá-las, mas com frequência às retroalimentações do meio em que ocorrem. Por isso, a ação pode percorrer sentido contrário ao esperado e voltar como um bumerangue para a cabeça de quem a decidiu. Assim, a decisão política de reduzir os créditos dos hospitais para diminuir o gasto orçamentário e de fazer ouvidos moucos às necessidades dos profissionais da saúde sobrecarregados e esgotados, a de destruir milhões de máscaras, têm como consequência os maiores gastos com saúde de nossa história. Uma vez que toda ação num meio que comporta múltiplas interações sofre imprevistos, é necessário considerar que toda decisão é uma aposta de que precisa estar consciente todo aquele que decidiu realizá-la. Nesse sentido, toda e qualquer decisão exige uma estratégia que integre o imprevisto. Trata-se, portanto, de prever a eventualidade do imprevisto.

Princípio de urgência/princípio de prudência: o que escolher num momento de crise?

Durante a epidemia houve um debate permanente entre duas opções antagônicas: a prudência e a urgência. A urgência leva a subestimar os efeitos colaterais de um tratamento que deu bons resultados imediatos; a prudência, na espera de medicamentos seguros, verificados por demorados protocolos, faz aumentar o número de vítimas. De fato, há risco em ambos os termos da alternativa. No entanto, pode-se superar parcialmente a alternativa, estimulando ao mesmo tempo as práticas de urgência e os protocolos de prudência.

Além disso, foram propostas duas estratégias contraditórias na luta contra o coronavírus: o isolamento, que evita a devastação em massa da epidemia e a estende no tempo, e a da imunidade de grupo, que durante algum tempo agrava a amplitude e a devastação do vírus, mas encurta a epidemia.

Há também contradição entre o prolongamento do confinamento, desejável por precaução sanitária, e seu término rápido, desejável por favorecer a retomada econômica.

Por fim, há antagonismo entre as medidas mais intensas de controle individual informatizado de rastreamento de contágio e a salvaguarda das liberdades individuais.

Em todos esses casos, é necessário ou tentar superar a contradição ou fazer uma escolha que implica uma aposta.

12. Lição sobre as insuficiências de reflexão e ação política

Problemas políticos de fundo

É trágico que o pensamento disjuntivo e redutor detenha o comando em política e economia. Essa enorme insuficiência conduziu a erros de diagnóstico e prevenção, bem como a decisões aberrantes, a injunções contraditórias durante a epidemia (máscaras inúteis, depois indispensáveis; testes desdenhados, depois reivindicados com urgência; escolas nem abertas nem fechadas).

O economista da saúde Jean de Kervasdoué tem destacado as deficiências dos sucessivos ministros e da administração da Saúde e ressaltado o papel dos *lobbies* e das divergências de interesses, que bloquearam toda e qualquer reforma do setor. Acrescente-se que a obsessão pela rentabilidade, nos dirigentes, conduziu a economias irresponsáveis em hospitais e na prevenção de riscos sanitários.

As insuficiências no modo de pensamento, somadas à dominação da insaciável sede de lucro, são responsáveis por inúmeros desastres humanos, entre os quais os ocorridos desde fevereiro de 2020.

A crise lançou fortes luzes sobre as insuficiências de uma política que tem favorecido o capital em detrimento do trabalho e sacrificado a prevenção e a precaução em nome da rentabilidade e da competitividade. Os hospitais e as equipes de saúde que neles trabalham são, assim, vítimas tanto da política neoliberal, que por toda parte se empenha em privatizar ou atrofiar os serviços públicos, quanto de gestões estatais hiperburocratizadas, submetidas, ademais, às pressões de poderosos *lobbies*.

Esses problemas de fundo que se mostram aqui deverão ser tratados na sequência deste texto.

A política neoliberal

O dogma pretensamente científico do neoliberalismo reinava em 2019 na maioria dos países do planeta; ele reduz toda a política à economia e toda a economia à doutrina da livre concorrência como solução para todos os problemas sociais. Na verdade, o dogma neoliberal agrava terrivelmente as desigualdades sociais e dá um poder gigantesco às potências financeiras.

Ora, as soluções imediatas para a súbita paralisia econômica do isolamento mundial foram contrárias ao dogma que guiava a economia: elas aumentaram os gastos nos setores em que estavam sendo reduzidos, introduziram o controle do Estado onde ele estava sendo suprimido, prepararam as proteções para uma autonomia econômica básica onde se preconizava o livre comércio. Essa inversão justifica já de saída as críticas de fundo feitas ao neoliberalismo e estimula as propostas para uma mudança radical de Via, em especial por um *new deal* ecológico-econômico que traga de volta os empregos, o consumo e o poder aquisitivo.

Mas, opondo-se a qualquer renovação, já se organiza a resistência dos poderes econômicos e financeiros: uma ampla campanha anuncia tempos apocalípticos de restrições e injunções, para convencer as populações, e em especial os assalariados, a aceitar inevitáveis sacrifícios.

Evidentemente, não sabemos se o início de conversão do presidente francês terminará num caminho, se não de Damasco, pelo menos de Bercy.*

As falhas do Estado

A crise revelou o problema de fundo criado por uma administração de Estado hiperburocratizada e submetida, em sua cúpula, a pressões e interesses que paralisam todas as reformas.

A crise do pensamento político

Foi esse vazio do pensamento político que levou à desintegração do Partido Socialista na França e, depois, à esclerose da direita republicana. Foi esse vazio do pensamento que faltou ao encontro com uma Via

---

* Onde se situa o Ministério da Economia e Finanças da França. [N.T.]

de salvação político-ecológico-social-civilizacional cujos fundamentos vamos propor mais adiante.

13. Lição sobre deslocalizações e dependência nacional

A pandemia revelou nossa dependência total no que se refere a produtos farmacêuticos, material sanitário e até mesmo a máscaras, jalecos médicos, sobretudo em relação à longínqua China. A prática de deslocalização para proveito de uma mão de obra barata na Ásia, na verdade quase servil, teve a virtude temporária de contribuir para a melhoria econômica naqueles países chamados durante muito tempo de "subdesenvolvidos". Mas essa prática também teve o gravíssimo defeito de nos sujeitar a economias estrangeiras e nos deixar desprovidos de produtos e produtores quando da invasão do vírus.

Daí surge o problema da autonomia sanitária, ao qual logo vamos somar, na hipótese cada vez mais provável de crise alimentar, o de um mínimo de autonomia na produção de víveres. Como a policultura agrícola quase desapareceu na França, e a monocultura industrial do trigo está principalmente voltada para a exportação, é importante (e voltaremos a isso) preparar uma realocação da agricultura de pequeno porte e agroecológica e, correlativamente, uma retração da agricultura industrial.

É lamentável que esse problema da autonomia nacional seja tão mal formulado e sempre reduzido à oposição entre soberania e globalização. Como veremos, trata-se de restaurar uma autonomia nacional vital e, ao mesmo tempo, reformar a globalização tecnoeconômica, criando uma alterglobalização que comporte a consciência da comunhão de destinos, a cooperação política e os intercâmbios culturais. Mais amplamente, a globalização deve comportar sua antagonista desglobalização, para salvar regiões, territórios ou nações ameaçados em seu espaço vital. É preciso reverter o sentido expansionista da expressão "espaço vital" do III Reich: nosso espaço vital é nosso espaço nacional.

14. Lição sobre a crise da Europa

Com a crise da pandemia da Covid-19 soou a hora da verdade para a Europa. Sob o choque da epidemia, a União Europeia partiu-se em fragmentos nacionais. Num acesso de febre soberanista, cada Estado se retraiu e fechou as fronteiras, com exceção de algumas cooperações tímidas e pouco importantes, como a acolhida dos doentes alsacianos por parte da Alemanha.

A França e a Alemanha mostraram-se pouco solidárias enquanto a Itália e, depois, a Espanha estavam em plena calamidade sanitária. Assim também, foram os Estados nacionais que tomaram isoladamente as primeiras medidas para salvar as empresas ameaçadas de extinção e compensar a perda de rendimentos dos assalariados que ficaram desempregados. Os Estados membros foram incapazes de chegar a um acordo comum para auxiliar os países com mais dificuldades.

Durante meses, nenhuma das tentativas de solidariedade financeira teve sucesso, e foi só em situação extrema que a França e a Alemanha propuseram às outras nações europeias destinar um crédito de 500 bilhões de euros à reconstrução comum.

Agora que da União Europeia só resta um esqueleto, será que o despertar da solidariedade e uma política ecológica comum poderiam restituir-lhe alguma musculatura? As divisões permanecem, e as ameaças de fragmentação se agravarão com os movimentos secessionistas dos soberanistas revigorados. Estamos torcendo para que essa desintegração seja evitada.

15. Lição sobre o planeta em crise

A pandemia mundial criou uma crise violenta da globalização. Também é possível perguntar se a globalização não contribuiu para a crise violenta da pandemia.

Ecologistas, cientistas e epidemiologistas indicaram que a desorganização dos ecossistemas, os atentados à biodiversidade, a circulação humana e a poluição rural e urbana favoreceram a emergência dos vírus Ebola e Corona, bem como a propagação fulminante da Covid-19. Segundo o professor Thomas Michiels,[9] biólogo e especialista na transmissão de vírus: "Não há dúvida de que a globalização tem efeito sobre as epidemias e favorece a propagação dos vírus. Quando se observa a evolução das epidemias no passado, há exemplos notórios em que se nota que as epidemias seguem ferrovias e deslocamentos humanos. Não resta a menor dúvida, a circulação dos indivíduos agrava a pandemia."

Outro impacto da globalização na crise do coronavírus, ligado a nosso sistema de abastecimento alimentar, foi demonstrado pelos cientistas. O aumento das ocorrências de vírus está ligado à agricultura industrial de grande escala, mais especialmente à industrialização da pecuária. A política de desflorestamento também provoca o surgimento de doenças. A frequência das epidemias poderá crescer, se não se puser um freio ao *agrobusiness*, que tem em vista açambarcar as terras dos países mais pobres e o mercado alimentar em escala mundial.

Além do impacto nefasto sobre o meio ambiente, a globalização provoca a perda de soberania e de autonomia econômica dos Estados. As consequências disso foram dramáticas com a escassez mundial de máscaras, testes e medicamentos. Como se verá no próximo capítulo, seria preciso estabelecer políticas de proteção para as epidemias vindouras e garantir uma política de autossuficiência para os produtos ligados à saúde (medicamentos, máscaras, vacinas) e à alimentação.

De modo mais amplo, ficou claro que a globalização, por ser essencialmente tecnoeconômica, criara uma interdependência geral sem nenhuma solidariedade. E, quando a crise se globalizou, a interdependência rompida deixou nações e povos com economias mutiladas numa dependência econômica e moral até então desconhecida.

---

9 Entrevista à RTBF (Radio Télévision Belge Francophone), 1º de abril de 2020.

Já antes da pandemia, estava evidente que a globalização tecno-econômica, em vez de criar laços entre culturas e nações, acarretava retrocessos étnico-religiosos e/ou nacionalistas. Esses retrocessos ocultaram a comunhão de destinos e perigos criada pela própria globalização.

A globalização precisa, mais que nunca, ser regulada e controlada por uma alterglobalização e combinar-se com desglobalizações no âmbito sanitário e alimentar.

A crise planetária nascida do coronavírus dá relevo à comunhão de destinos de todos os seres humanos, inseparavelmente vinculados ao destino bioecológico do planeta Terra. Ao mesmo tempo, intensifica a crise da humanidade que não consegue se constituir como humanidade.

O humanismo está em crise em face das derivas e retrocessos nacionalistas, do recrudescimento do racismo e da xenofobia, do primado do interesse econômico sobre todos os outros. A consciência da comunhão de destinos dos seres humanos deveria regenerá-lo e conferir concretude a seu universalismo até agora abstrato: cada um poderá então sentir sua integração na aventura da humanidade. E, se essa consciência se propagar pelo mundo e se tornar força histórica, o humanismo poderá suscitar uma política da humanidade.

2

Desafios do pós-corona

O momento histórico extremamente grave que atravessamos está cheio de desafios. A crise sanitária que continua em curso é acompanhada por uma crise política e uma crise econômica cuja profundidade e duração ainda não foram dimensionadas; parece prenunciar-se uma crise alimentar mundial; iniciou-se uma crise social dramática em consequência da explosão do número de desempregados e de trabalhadores precários. Na França, onde o clima social e político está bastante degradado desde a mobilização dos "coletes amarelos" e o movimento social contra a lei das aposentadorias, o futuro é mais preocupante que nunca.

Estamos sendo intimados a responder a um conjunto de desafios interdependentes.

1. Desafio existencial

Uma nova relação com o tempo

O isolamento foi uma reclusão, mas foi também uma libertação interior em relação ao tempo cronometrado, ao ritmo condução-trabalho-cama dos trabalhadores, à sobrecarga de horas de trabalho das profissões liberais. Nossa existência, até então regida por um tempo cada vez mais acelerado, pôde ser de novo organizada, desacelerada (a não ser, evidentemente, em caso de sobrecarga de obrigações familiares).

Terminado o isolamento, vamos retomar a corrida infernal? Guardaremos o gosto por fazer as coisas devagar, zanzar, andar de bicicleta, praticar o *slow food*? Deixaremos de querer ir mais depressa e mais longe? Deixaremos de subordinar o principal, nossa própria realização e nosso elo afetivo com outras pessoas, ao que é secundário ou mesmo fútil?

Fazer que as novas solidariedades durem

As inúmeras práticas solidárias desses meses de exceção serão conservadas?

Será que se prolongará e se intensificará o despertar da solidariedade provocado durante o isolamento não só em relação ao pessoal médico, mas também aos menos favorecidos?

Durante o isolamento, pudemos nos preocupar mais com nossos familiares e comunicar-nos com eles, mesmo com os geograficamente distantes. A ajuda mútua entre vizinhos criou amizades. De vez em quando pudemos gozar de prazeres estéticos — ver filmes, ler livros, ouvir música. Isso favorecerá a expansão da convivência, da vida afetuosa e poética? Tudo será, talvez, anestesiado pela retomada dos hábitos, folclorizado na lembrança e finalmente esquecido em novas provações e novas crises.

2. Desafio da crise política

O que restará das aspirações de reforma e transformação?

O presidente francês Emmanuel Macron anunciou em 13 de abril de 2020: "Saibamos neste momento sair das trilhas batidas, das ideologias, e nos reinventar. Eu, em primeiro lugar." Pode-se contar com os poderes públicos para sair das trilhas batidas, das ideologias e reinventar-se? Que lições as autoridades extrairão da experiência? Não podemos sequer ter certeza de nenhum progresso político, econômico ou social como houve pouco depois da Segunda Guerra Mundial.

Não se pode saber se, após o isolamento, a ordem abalada se restabelecerá, ou se, ao contrário, a consciência do "já não pode ser como antes" provocará a expansão das ideias inovadoras e das forças políticas capazes de revolucionar política e economia.

A crise pôs em xeque o neoliberalismo, substrato doutrinário das políticas praticadas no mundo desde os anos Thatcher-Reagan, que promovem a livre concorrência econômica como solução para todos os problemas sociais e humanos e preconizam a liberdade máxima para as empresas e um papel mínimo para o Estado. Foi o neoliberalismo que inspirou a privatização dos serviços públicos, a redução e a comercialização dos serviços hospitalares, a prática dos fluxos e da deslocalização. Tudo isso na perspectiva, sempre desmentida, de que o crescimento da riqueza dos ricos "transbordará" para o povo. A crise obrigou os Estados a abandonar a política de austeridade orçamentária e a incorrer em gastos massivos para a saúde, as empresas, os trabalhadores que ficaram sem salários. Fortaleceu os serviços públicos que se tendia a privatizar, entre os quais os hospitais. Impôs proteções alfandegárias nos setores em que se abriam todas as fronteiras. O neoliberalismo estará suspenso?

A megacrise revelou um Estado incapaz de fornecer máscaras, jalecos e material para os profissionais da saúde e a população durante várias semanas. Tornou visíveis lentidões, ordens e contraordens, diretrizes ilegíveis, despreparo, ou seja, falhas gravíssimas. Por isso, são duas as exigências inseparáveis para a renovação política: sair do neoliberalismo, reformar o Estado. Veremos os meios para isso no capítulo 3.

3. Desafio de uma globalização em crise

Como vimos, a globalização criou interdependência sem solidariedade. Desde a invasão do vírus, os Estados fecharam as nações em si mesmas. Às cooperações sucederam-se competições, inclusive na pesquisa de tratamento ou de vacina para o vírus.

A globalização estará em frangalhos? Será capaz de se reconstruir? Totalmente? Parcialmente? Apenas sobre as bases do desenvolvimento material tecnoeconômico? Não caberia enriquecer e humanizar a noção de desenvolvimento que destruiu tantas solidariedades e comunidades? Não caberá combinar globalização e desglobalizações parciais?

A globalização provocou a perda de autonomia econômica dos Estados. As consequências disso foram dramáticas com a escassez mundial de medicamentos, testes e máscaras. Como se verá no próximo capítulo, a necessidade de estabelecer políticas de prevenção para as próximas epidemias e de garantir uma política de autossuficiência mínima para os produtos ligados à saúde (medicamentos, máscaras, vacinas) e à alimentação deveria provocar o retorno ou o recurso a autonomias sanitárias e alimentares, ou seja, desglobalizações parciais.

4. Desafio da crise da democracia

A democracia estava em crise em todo o mundo antes da epidemia do coronavírus, crise agravada pela corrupção e pela demagogia triunfantes. Paralelamente, assistiu-se à intensificação dos nacionalismos agressivos e xenófobos. Por toda parte assistiu-se ao aparecimento de Estados neoautoritários.

A crise do vírus agravará o desafio democrático ou contribuirá para lhe dar uma resposta?

Ameaça às nossas liberdades?

Em primeiro lugar, a restrição a nossos direitos fundamentais para lutar contra o vírus, justificada no imediato, é problemática pela maneira como foi imposta e pelos riscos futuros que comporta. Teria sido mais prudente votar uma lei específica de precaução contra a epidemia, em vez de desenterrar o estado de urgência que, votado em 1955 com objetivo repressivo, possibilitou os piores abusos durante a guerra da Argélia.

Medidas como a proibição de aglomerações e reuniões e a limitação drástica da liberdade de ir e vir evidentemente deverão desaparecer junto com o vírus.

Numa sociedade democrática, as medidas restritivas de liberdade devem ser limitadas à estrita dimensão das situações. Algumas decisões de urgência foram tomadas sem consultas jurídicas nem debates parlamentares: não será de se temer sua retomada arbitrária?

As medidas de exceção invocadas contra o terrorismo foram mantidas. Uma vez que, na crise universal das democracias, nosso futuro está ameaçado pelo neoautoritarismo, é de se temer que os dispositivos de rastreamento de contágio instalados durante a pandemia não só sejam mantidos, como também se ampliem com o recurso sistemático à geolocalização, ao monitoramento por *smartphone*, à vigilância por vídeo, às detecções por algoritmos, à inteligência artificial. Precisamos pensar nisso e alertar a opinião pública desde já.

5. O desafio digital

Tudo indica que a propagação digital, já em curso e amplificada pelo isolamento (trabalho de casa, videoconferências, Skype, e-mails, redes sociais), vai perdurar. Os dispositivos digitais são ao mesmo tempo instrumentos de liberdade e instrumentos de servidão. A internet permite a livre expressão, que vai da criatividade ao delírio nas redes sociais. Oferece a qualquer indivíduo hábil a possibilidade de decifrar códigos protetores de segredos políticos e militares e de alertar os cidadãos, ao mesmo tempo que dá enorme poder de vigilância sobre as pessoas, violando o sigilo e a sacralidade da privacidade.

Os dispositivos digitais, a internet, a inteligência artificial são meios que tendem a transformar-se em fins ou a estar a serviço de poderes controladores e não controlados. As mentes tecnocratas e trans-humanistas supõem que eles deveriam estabelecer a harmonia de uma megamáquina social que tratasse de todos os problemas. Precisamos saber que cada técnica expõe ao risco de nos desapossar das questões éticas, sociais e políticas inerentes ao nosso pensamento.

6. O desafio da proteção ecológica

A atividade humana está degradando intensamente a biosfera, a atmosfera terrestre, os oceanos e os continentes, assim como, localmente, cidades, rios, plantações.

Pudemos ver que, com a parada dos transportes e das atividades industriais, o ar voltou a ser puro, a natureza parecia renascer. O abandono do automóvel durante os meses de isolamento poderia levar à desintoxicação automobilística por meio da limitação de seu uso às viagens para fora da cidade. Seremos capazes de favorecer o trem, em detrimento do uso do avião entre cidades? Essa crise poderia acelerar a transformação do tráfego aéreo e reduzir a circulação nacional e internacional de pessoas. As empresas parecem ter tomado gosto pelas videoconferências que geram economia de tempo, energia e dinheiro.

Durante a crise pudemos consumir apenas o indispensável; voltaremos a nos submeter à pulsão consumista, que, por sua vez, é estimulada por publicidades onipresentes?

Algumas medidas e hábitos, especialmente alimentares, adquiridos durante o isolamento poderiam perdurar, para contribuirmos com a chamada transição ecológica, que seria uma revolução civilizacional não violenta.

7. Desafio da crise econômica

O neoliberalismo está pelo menos abalado? Voltará a tomar as rédeas? Desde o isolamento, o presidente da República Francesa vem sofrendo tremenda pressão do Medefe* do setor financeiro para que deixe de lado suas veleidades de abrir uma nova economia ecologizada e volte à Norma.

A economia paralisada pelo isolamento retomará o caminho anterior? Nossa crise econômica mundial conduzirá a uma recessão, como em 2008, a uma depressão, como em 1929, ou tomará um rumo desconhecido? Seremos vítimas de uma gigantesca crise planetária cujo resultado poderá ser a barbárie?

Mesmo não regulando a economia mundial, seremos capazes de reduzir o poder do hipercapitalismo, reformar os sistemas bancários, controlar a especulação financeira, impedir a evasão fiscal? Recuperaremos os princípios de uma economia baseada num *new deal* de estímulo ecológico e reforma social que provoque o retraimento do hipercapitalismo e a diminuição das desigualdades?

---

* Mouvement des entreprises de France, lit. Movimento das Empresas da França. [N.T.]

8. O desafio das incertezas

Além dessas incertezas econômicas, todo o futuro também é incerto. No entanto, é preciso tentar entrever as tendências e os riscos vindouros. Assistiremos à retomada da globalização ou ao prosseguimento dos retrocessos autárquicos? Estamos caminhando para a expansão dos nacionalismos, para o sucesso dos soberanismos e para o fechamento das fronteiras? Outros Estados vão ceder ao autoritarismo com o advento das sociedades de vigilância, das técnicas de reconhecimento facial, do controle e do rastreamento dos indivíduos?

As nações gigantes se enfrentarão mais que antes? Suas relações de força se modificarão? A China dominará o mundo ou se dividirá, como lhe aconteceu no passado?

Os conflitos armados, mais ou menos atenuados pela crise do coronavírus, se exacerbarão? Haverá, ao contrário, um salutar movimento internacional de cooperação?

9. O perigo de um grande retrocesso

Não se sabe se o processo retrocessivo anterior à crise do vírus será acentuado pela epidemia e depois dela, ou se, ao contrário, poderá ser detido ou se até recuará.

Podemos ter fortes motivos para temer a continuação do retrocesso generalizado, já em curso durante os primeiros vinte anos deste século.

Retrocessos intelectuais e morais

Há duas décadas vimos assistindo no mundo e também na França à progressão da polarização, das visões unilaterais, dos ódios e das discriminações.

Nas altas esferas, a política esvaziou-se de conteúdo para se pôr a reboque da economia; a economia submeteu-se ao neoliberalismo e ao cálculo que quantifica e desumaniza, ignorando o improvável e o imprevisto.

Retrocessos da democracia

Esses processos retrocessivos conjugados deram origem, em quase todos os lugares, a Estados neoautoritários; a prosseguir esse retrocesso, é de se temer a formação e a generalização de um totalitarismo de tipo novo, inclusive na Europa. O totalitarismo do século XX baseava-se no controle total exercido por um partido único, que estendia suas ramificações sobre todos os setores da sociedade e todos os aspectos da vida. A China comunista manteve o sistema do partido único, mas a vigilância policial e delatora das populações enriqueceu-se com um telecontrole informático cada vez mais eficiente, graças à inteligência artificial. Escutas telefônicas, espionagem digital, reconhecimento facial, rastreamento das transações bancárias. Se o retrocesso continuar, parece-me inevitável que os Estados neoautoritários se tornem neototalitários.

Retrocessos belicistas

Esses retrocessos terrivelmente preocupantes podem nos arrastar para uma já possível conflagração mundial.

Apesar de provisoriamente acalmadas com a epidemia, é grande o risco de retomada das guerras civis na aparência, mas nas quais intervinham Estados vizinhos e grandes potências, que se opunham por meio de facções em combate, em especial na Síria, no Iraque e no Iêmen. Isso sem falar do conflito decorrente de algum incidente explosivo entre, de um lado, o Irã e, de outro, a associação de Estados Unidos, Israel e Arábia Saudita.

O processo de anexação da Palestina por Israel provocou um violento antijudaísmo nas populações árabes; esse antijudaísmo só poderá crescer quando a anexação se completar; alimentará ao mesmo tempo todas as hostilidades em relação ao Ocidente. O antissemitismo e o anti-islamismo, que já se realimentavam, serão ampliados. Não se sabe o que será produzido pelo jihadismo homicida que, depois de seus assassinatos coletivos na França e no Ocidente, assolou o Oriente Médio e pôs em pé de guerra o Chade, o Mali, a Somália e a Nigéria, não conhecendo trégua durante a crise do coronavírus.

A revivescência religiosa no mundo, após o colapso da religião de salvação terrena que foi o comunismo, provocou, na falta de esperança num futuro na Terra, o retorno das religiões da salvação no Céu e do Deus onipotente; frequentemente trazem consigo intolerância e fanatismo[10].

O número crescente de Estados que possuem arma nuclear e o desenvolvimento da produção desta tornarão sua utilização cada vez menos improvável. Os arsenais bacteriológicos, químicos e informáticos sofisticaram-se consideravelmente. Tal como ocorreu após 1933, começou uma corrida armamentista.

Acresce que os flagelos naturais — inundações, submersões e secas —, trazidos pelas mudanças climáticas e pelas inúmeras degradações da biosfera, só podem provocar migrações de populações, rejeição a imigrantes, perseguições e guerras.

O espectro da Morte paira sobre a humanidade

Corremos o risco de ingressar numa era ciclônica e de conhecer o que ocorreu em Sarajevo em 1914 ou em Danzig* em 1939: a bomba

---

10 A intolerância assolou o Oriente Médio árabe, onde as minorias judias desapareceram, as minorias cristãs estão desaparecendo e xiitas e sunitas combatem entre si; e reapareceu na grande Índia multiétnica, onde o novo poder nacionalista hinduísta rebaixa sua população muçulmana a um *status* inferior.

* Atual Gdansk. (N.T.)

e a reivindicação de um iluminado provocaram nas duas vezes, por reações em cadeia totalmente imprevistas, a deflagração de duas hecatombes bélicas mundiais.

Não sabemos se a continuação dos processos retrocessivos provocará a barbárie planetária, se favorecerá a constituição de Estados neoautoritários ou se desencadeará resistências e com quais formas.

Tudo isso torna ridícula a afirmação eufórica de Steven Pinker, de que entramos na era mais pacífica e feliz da história humana.

Torna-se vital mudar de Via.

O vírus será nosso oráculo de Delfos? Como escreveu Heráclito: "O deus cujo oráculo está em Delfos não explica nem oculta sua predição, mas dá uma indicação para compreendê-la."[11]

A esperança está na luta pelo despertar das mentes e pela busca de outra Via, que a experiência da megacrise mundial terá estimulado.

---

11 Heráclito, *Máximas*, fragmento 93.

3

Mudar de via

"Se não esperares o inesperado,
não o encontrarás."

HERÁCLITO

As insuficiências políticas, econômicas e sociais reveladas pela pandemia, assim como os grandes perigos de retrocesso que ela aumentou, tornam indispensável uma nova Via.

Por que *via*, e não *revolução*? Porque a revolução soviética e, depois, a maoista produziram uma opressão contrária à sua missão de emancipação e porque o seu fracasso final restaurou aquilo que elas haviam desejado eliminar: capitalismo e religião.

Por que *via* e não *projeto de sociedade* como se diz em geral? Porque projeto de sociedade é uma noção estática totalmente inadequada num mundo em transformação.

Como somos levados pelo devir histórico, expomos aqui certo número de ideias-guias e de propostas para abrir caminhos de transformação

Todos os retrocessos mencionados no capítulo anterior são prováveis, mas são apenas prováveis. A enzima de um grande projeto pode realizar a catálise de um despertar das consciências e das energias. Embora as forças contrárias sejam consideráveis, não é impossível que uma nova Via, em seu próprio caminhar, possa fazê-las recuar.

Tenhamos esperança sem euforia. Embora esmagada pelo desastre, como a terceira via dos anos 1930-1939, apostemos que a nova Via trará em seguida, como em 1945, a esperança da renovação.

As grandes linhas da nova Via político-ecológico-econômico-social[12] imposta pela crise inédita que vivemos são guiadas pela necessidade de regenerar a política, de humanizar a sociedade e de ter um humanismo regenerado.

Essa nova Via comporta:

— uma política nacional;
— uma política civilizacional;
— uma política da humanidade;
— uma política da Terra;
— um humanismo regenerado.

1. Uma política da nação

Uma política nacional regenerada realizaria verdadeiras reformas, que não consistiriam em reduções orçamentárias, mas em reformas do Estado, da democracia, da sociedade, da civilização, ligadas a reformas de vida. Seu conjunto constituiria a nova Via.

Essa política exigiria uma governança de diálogo, na qual interviessem, em conjunto, a ação do Estado, das coletividades públicas, de

---

[12] Está enunciada com detalhes em nosso livro *La Voie*, Fayard, 2011 [ed. bras., *A via: para o futuro da humanidade*, Bertrand Brasil, Rio de Janeiro, 2013, trad. Edgard de Assis Carvalho e Mariza Perassi Bosco].

conselhos competentes (ecologia, urbanismo, consumo e outros) e de cidadãos por intermédio de comissões de democracia participativa. Ela conclama a um despertar cidadão por meio da conscientização dos problemas vitais em jogo.

Soberania e globalismo

Promovemos, em primeiro lugar, uma política que conjugue globalização e desglobalização, crescimento e decrescimento, desenvolvimento e envolvimento. Esses termos são antinômicos apenas numa lógica binária que os encerre em alternativas mutiladoras.

- Conjugar globalização e desglobalização

Busquemos a globalização, mas deixemos de limitá-la a seu caráter tecnoeconômico, que tem sido dominante, e confiramos a esse termo seu sentido pleno, que implica a multiplicação e o desenvolvimento de laços e cooperações.

Essa globalização de sentido ampliado e humanizado implicaria desglobalizações parciais, que possibilitassem garantir autonomia de abastecimento alimentar e sanitário das nações, satisfazer suas necessidades energéticas e industriais mínimas, salvar territórios da desertificação; favoreceria a vida das comunidades locais e regionais, a criação de bolsões periurbanos de horticultura, a alimentação com produtos locais, o comércio e o artesanato locais.

A partir daí, soberanismo e globalização deixam de se apresentar como excludentes. O Estado deixa de ser dependente naquilo que é vital para a nação — saúde, alimentação, produtos de primeira necessidade — e assim volta a ser "soberano em sua economia de vida", segundo a fórmula de Jacques Attali. Mas continuaria participando da interdependência de solidariedade e de uma globalização humanizada.

- Conjugar crescimento e decrescimento

O crescimento que se deve buscar é o da economia das necessidades essenciais: serviços públicos, entre os quais saúde, educação, transportes; energias verdes, agricultura de pequeno porte e agroecológica, revitalização de aldeias e regiões, economia social e solidária, produção de objetos duráveis, artesanato de reparação e construção de moradias para os mal alojados e os sem-teto, planejamentos urbanos humanizadores, com grandes obras de estacionamento para dar lugar aos pedestres nos centros das cidades.

O decrescimento precisa ser realizado progressivamente para limitar a economia dedicada ao frívolo e ao ilusório, reduzir a publicidade a mensagens informativas, diminuir a produção de alimentos industrializados e de conservas, bem como a produção de objetos descartáveis e não reparáveis, reduzir o tráfego de automóveis, o transporte rodoviário (em proveito do rodoferroviário) e o tráfego aéreo, o que reduzirá correlativamente as intoxicações por poluição e as intoxicações por consumo. O período de isolamento deu uma boa visão dessas possibilidades. Observe-se que em todo o mundo, inclusive na França, há subprodução de produtos necessários, cujo crescimento precisa ser favorecido, e superprodução de produtos supérfluos, cujo decrescimento é preciso favorecer.

- Conjugar desenvolvimento e envolvimento

O desenvolvimento, do modo como é entendido no Ocidente, na verdade se restringe aos âmbitos técnicos e econômicos. Para um país ocidental como a França, seu sentido pode ser estendido à cultura. Mas tende a identificar-se com o crescimento e tudo o que é computável, ignorando a inquantificável qualidade de vida.

Envolvimento faz referência à comunidade e à solidariedade. Despertadas durante o isolamento, as solidariedades saem de uma longa letargia nas famílias, nas vizinhanças, nas cidadezinhas, no trabalho, na nação.

A conjugação desenvolvimento/envolvimento significa que o desenvolvimento dos bens materiais só tem sentido se acompanhar um modo de vida que sustente tudo o que pode envolver um Eu num Nós: convivialidade, compreensão mútua, amizade.

Unidade e diversidade nacionais

A França é uma das nações cuja unidade se formou a partir da diversidade. Toda a sua aventura histórica, desde os Capetos, consistiu em reunir em sua soberania grande número de povos heterogêneos, cada um com sua língua e sua cultura, dos bretões aos alsacianos, dos flamengos aos provençais. Sua unificação realizou-se ao mesmo tempo por meio da força, de alianças régias e da negociação, e redundou na adesão das províncias à grande Nação quando da cerimônia de 14 de julho de 1789.

O exército e as guerras amalgamaram soldados vindos de todas as províncias, a educação obrigatória da III República enraizou desde a infância o senso de pertencimento nacional. Nem por isso foram eliminadas as diversidades regionais. Apesar de relegadas à categoria de dialetos pela República, as línguas regionais ressuscitaram no mesmo momento em que sua cultura voltava a florescer. A diversidade das culturas regionais é o tesouro da unidade francesa, e a unidade francesa é o tesouro das diversidades regionais. A essas diversidades se somam, desde o início do século XX, as das sucessivas vagas de imigrantes, que continuam o processo mais que milenar iniciado com os Capetos. Hoje há 7,4 milhões de franceses descendentes de imigrantes desde 1900, ou seja, 12% da população. Alguns se sentem tão integrados que se tornaram hostis aos imigrantes recentes.

Por isso, em vez de opor nação e comunitarismo, é preciso rejeitar o nacionalismo homogeneizador e o comunitarismo fechado, fazendo toda a política nacional a partir da concepção de uma França una e diversa.

Reforma do Estado: humanização por desburocratização e desparasitação

- Patologias administrativas

A pandemia trouxe à tona insuficiências de um Estado incapaz de fornecer máscaras, jalecos e material aos profissionais da saúde e à população. Pôs em evidência lentidões, ordens e contraordens, diretrizes ininteligíveis, decisões improvisadas.

Revelou uma burocratização que asfixia a administração. Pôs à mostra a parasitação dos ministérios e da administração por *lobbies* financeiros, em especial o do Ministério da Saúde por empresas farmacêuticas.

A parasitação dos *lobbies* financeiros só poderá diminuir com a diminuição de seu poder; uma política de desburocratização do Estado e dos serviços públicos pode e deve contribuir para essa diminuição.

A administração estatal obedece a princípios gerais de organização que se encontram em outras administrações, entre as quais as das grandes empresas privadas: centralização, hierarquia e especialização.

A burocracia pode ser considerada uma patologia administrativa em que o excesso de centralização e o excesso de hierarquia anulam toda e qualquer iniciativa daqueles que nada podem além de obedecer, o que é agravado pelo excesso de especialização que encerra cada agente em sua função.

A burocracia se traduz pela rígida dicotomia dirigente-executor, limita a responsabilidade pessoal de cada um a seu compartimento, inibe essa responsabilidade e a solidariedade de cada um para com o conjunto de que ele é parte. Na verdade, a burocracia gera irresponsabilidade, inércia e desinteresse fora do setor de especialização. Na França, o chamado caso do sangue contaminado e, depois, a pandemia do coronavírus puseram em evidência uma irresponsabilidade generalizada. Essa irresponsabilidade favorece a corrupção dos funcionários no próprio coração do Estado.

Enfim, uma organização rigorosamente centralizada e hierarquizada, que compartimenta os trabalhadores especializados, tende a ser pesada e detalhista para seu pessoal, rotineira em sua ação, desumana para os que recorrem a seus serviços e são enviados de um guichê a outro, de um correio de voz a outro.

- Princípios de reorganização

Uma boa organização demanda que sejam empregadas da melhor maneira possível as aptidões e as qualidades dos indivíduos que nela trabalhem. Essas aptidões e qualidades, como dissemos, são inibidas sob os efeitos conjugados da centralização, da hierarquia e da compartimentação. Mas, como não se pode conceber uma administração pública sem centro, isenta de hierarquia e desprovida de competências especializadas, trata-se de criar e desenvolver modos de organização que combinem:

— centralismo/multicentralismo/descentralismo;
— hierarquia/poliarquia/anarquia;
— especialização/multiespecialização/competência geral.

A combinação de centralismo e multicentralismo consiste em dar capacidade de decisão a diversos centros, cada um encarregado de uma competência própria em problemas específicos. Descentralismo significa que os agentes podem dispor de margem de liberdade em casos imprevistos ou em condições críticas.

Também se trataria de combinar hierarquia e poliarquia (pluralidade de diferentes hierarquias, segundo as esferas e as circunstâncias). Além disso, deve ser salvaguardada uma parcela de anarquia, no sentido de que anarquia não significa desordem, mas modos de organização espontânea por meio das interações entre indivíduos e grupos.

Por fim, a especialização deve efetuar-se após uma etapa de formação que propicie uma cultura enriquecedora que possibilite aos agentes especializados ser pluricompetentes, colaborar interativamente com os responsáveis pelo processo de decisão, que devem ser dotados de competências mais gerais. De qualquer maneira, a competência especializada e a pluricompetência devem ser associadas.

Em cada um dos três modos de organização e, sobretudo, na combinação deles, seriam criados espaços de responsabilidade e liberdade. Tudo isso tenderia a desburocratizar e desesclerosar as administrações públicas, a enfraquecer o "tacão de ferro" (Max Weber) da racionalização e a favorecer a manifestação das aptidões estratégicas, inventivas e criativas dos trabalhadores em proveito tanto da desalienação pessoal quanto do bem público.

A verdadeira reforma da administração pública não pode ser isolada. Requer o restabelecimento da responsabilidade e da solidariedade, não só entre seus agentes ou dirigentes, mas também na sociedade. Em outros termos, a reforma das administrações só pode ser plenamente realizada num complexo de transformações humanas, sociais e históricas, que incluem as outras reformas tratadas neste livro.

Reforma econômica

- Contenção progressiva do poder das oligarquias econômicas

As oligarquias econômicas orientam as decisões de um poder guiado pelo credo neoliberal. Parasitam e paralisam o Estado, ditam-lhe leis e diretrizes, bloqueiam leis salutares. Dominam e controlam as produções industriais e agrícolas, vastos setores da economia de serviços (Uber, Amazon), a economia digital (Google etc.).

Sem dúvida podem ser taxadas pelo sistema tributário, mas isso será inoperante enquanto houver paraísos fiscais. A eliminação destes é desejável, mas só pode ser decidida pelo conjunto das nações. No entanto, é possível taxar pesadamente todos os casos de evasão fiscal comprovada. Apesar disso, a solução está em outro lugar.

Está na diminuição do poder dessas oligarquias. Essa diminuição pode começar com um governo cujos ministros sejam insensíveis à pressão delas, bem como com uma alta administração reformada.

A nosso ver, ela decorreria da consciência ampliada e generalizada dos consumidores, que selecionariam cada vez mais suas compras. Porque a "sociedade de consumo", que põe o consumidor na dependência do produtor, pode dar ao consumidor, se emancipado, poder sobre o produtor. Essa nova consciência aquisitiva favoreceria as produções locais, sustentáveis e solidárias. O período do isolamento nos mostrou até que ponto isso é possível e necessário.

Em suma, o impulso conjunto de um poder político autonomizado e dos cidadãos majoritariamente conscientizados poderia fazer o poder do dinheiro recuar progressivamente. Esse processo protegeria mais a livre concorrência porque aboliria os monopólios.

- Reforma empresarial

A empresa industrial é organizada de acordo com o modelo que examinamos acima: centralismo/hierarquia/especialização. A reforma de sua organização deveria obedecer aos princípios que enunciamos, com a diferença de que, enquanto a ação de uma administração governamental visa à aplicação de suas decisões ou de uma lei, a ação da empresa visa à rentabilidade num meio concorrencial e aleatório. A reforma é necessária sobretudo porque a empresa precisa de adaptabilidade e inventividade em todos os níveis. A empresa-caserna é servidão para os que nela trabalham, mas uma empresa que reconheça seus trabalhadores e funcionários em sua plena humanidade seria reconhecida como algo que comunga do mesmo destino deles, o que melhoraria tanto o desempenho da empresa quanto as condições de vida de quem nela trabalha.

É esse o rumo reformador tomado pelos empreendedores da economia social e solidária, os da empresa cidadã e os da empresa de missão (de apoio aos produtores locais e produção de alimentos saudáveis).

Inoportunamente, as empresas têm endurecido as coerções organizacionais sobre seus assalariados, em especial por causa da hipercompetitividade internacional, o que acarreta casos de depressão, acidentes de trabalho, síndrome de *burnout*, suicídios. Essas coerções diminuirão com as desglobalizações parciais, que subtrairão certo número de empresas à hipercompetitividade internacional, reduzindo a pressão desumana sofrida por seus assalariados.

Reforma da democracia: participação cidadã

A democracia parlamentar, por mais necessária que seja, é insuficiente. Está passando por um processo de desvitalização nos locais em que há rebaixamento do pensamento político, incapacidade de enfrentar os grandes desafios da era planetária, corrupção e desinteresse dos cidadãos.

Seria preciso conceber e propor modalidades de uma democracia participativa. Seria útil, ao mesmo tempo, favorecer um despertar dos cidadãos; esse despertamento, por sua vez, seria inseparável da regeneração do pensamento político. Também seria útil multiplicar o número de universidades populares, que oferecessem aos cidadãos uma iniciação nas ciências políticas, sociológicas, econômicas e jurídicas.

A democracia participativa deve ser inventada a partir de conselhos — essa palavra, que em russo é *soviet*, está agora desvalorizada por causa do uso mentiroso que sofreu. À luz dos tempos presentes, de insuficiência democrática, precisamos repensar a instauração de conselhos em diferentes escalas.

Em escala nacional:

— um conselho de Ecologia, composto de cientistas, cidadãos sorteados, representantes do Estado: poderia examinar e propor grandes reformas ecossociais;

— um conselho do Futuro, composto segundo os mesmos princípios: poderia examinar as consequências das descobertas e inovações científicas e, de modo mais amplo, elaborar hipóteses prospectivas;
— um conselho das Idades: poderia examinar as condições de vida da juventude e as da velhice e formular propostas.

Em escalas locais, podemos extrair lições de diversas experiências como a de Porto Alegre (participação dos moradores da cidade no exame do orçamento municipal). Seria aconselhável instituir na França conselhos comunais de cidadãos, que promoveriam debates públicos sobre projetos potencialmente controversos (rodovias, represas, instalação de fábricas poluentes, desflorestamentos). O conselho comunal pode assumir a forma de júris cidadãos que sabatinem políticos e especialistas sobre projetos de interesse ou de risco público.

A democracia participativa também possibilita discutir em nível local problemas de interesse nacional ou mesmo planetário. Mas comporta seus próprios perigos, como: risco de ausência de mulheres, idosos, jovens, imigrantes; risco de infiltração de um ou vários partidos políticos; risco de liderança, na prática, por quem grita mais. A democracia participativa, feita para recuperar a vitalidade cidadã, não pode ensejar espontaneamente cidadãos ativos e bem informados. Requer um tempo de enraizamento e aprendizado. Sua implantação revitalizaria na base, onde fermentam tantas boas vontades subutilizadas, o espírito cívico de comunidade, solidariedade e responsabilidade.

Ecopolítica

- *Green deal*

A ecopolítica, ou política ecológica, é uma necessidade premente. Teria como principais campos de ação:

— eliminação das fontes poluentes de energia e sua substituição por fontes limpas;
— despoluição das cidades (criação de áreas de pedestres, difusão de veículos leves sobre trilhos, desenvolvimento de ecobairros);
— revitalização dos solos, despoluição dos produtos agrícolas, cessação da pecuária industrial, desenvolvimento da agricultura de pequeno porte e da agroecologia;
— promoção da boa qualidade de vida e da alimentação saudável;
— substituição de materiais poluentes não degradáveis (como o plástico) por materiais biodegradáveis;
— reciclagem de lixo numa economia que se torne circular;
— sequestro de resíduos industriais tóxicos;
— reestruturação do transporte ferroviário, com a reabertura de linhas regionais e a substituição do avião por trens-bala nas viagens de menos de 1.500 quilômetros;
— reconversão de uma parte das indústrias aeronáuticas e automobilísticas em produtos úteis à reestruturação ferroviária.

Tudo isso poderia ser feito ao mesmo tempo por uma espécie de *new deal* com grandes obras que reativassem a atividade econômica e o emprego, pelo desenvolvimento de um consumo esclarecido e seletivo e por numerosas medidas expostas nas outras seções deste capítulo.

- Reforma do pensamento reformador

Dissemos que é preciso abandonar a ideia de revolução violenta que "faça tábula rasa do passado", derrubando uma sociedade ruim para instituir uma boa. Propomos uma via progressiva, traçada por uma nova política enraizada na cultura humanista do passado e na revitalização dos princípios da República: Liberdade, Igualdade, Fraternidade. Essa complementaridade comporta antagonismos que o pensamento político precisa gerir o tempo todo, dando primazia ora a um, ora a outro desses termos. Isto porque a Liberdade, sozinha, tende a destruir a Igualdade; a Igualdade imposta tende a destruir a Liberdade; a Fraternidade pode ser apenas estimulada pela Política e depende dos cidadãos. Mas contribui para a Igualdade e para a Liberdade. A união desses três termos fornece a base republicana e democrática para uma política que se abebere em quatro fontes posteriores:

— a fonte socialista, voltada à melhoria da sociedade por meio do desenvolvimento da solidariedade e da recusa da dominação do lucro;
— a fonte libertária, voltada à autonomia e ao desenvolvimento do indivíduo;
— a fonte comunista, voltada à instauração da fraternidade nas relações humanas;
— a fonte ecológica, cuja importância, surgida em 1970, deve irrigar toda e qualquer política.

O novo pensamento político deveria regenerar e associar estreitamente essas fontes. Não pode haver progressos sem retorno às fontes.

A megacrise que atravessamos suscitou a necessidade de um novo pensamento político.

Se considerarmos que Marx é exemplar na busca de um pensamento político baseado, conjuntamente, numa teoria do conhecimento, numa visão de mundo, numa concepção do homem, da história, da sociedade e da economia, esses fundamentos precisam ser repensados à luz das experiências científicas e históricas dos séculos XX e XXI.

Essa reforma do pensamento político implica uma reforma do próprio pensamento; como vimos nas lições do primeiro capítulo, as mentes obedecem inconscientemente a um princípio de conhecimento que reduz o complexo ao simples, o todo a seus componentes e dissocia o que é inseparável ou está ligado por interações (como o individual e o social, o biológico e o cultural). A reforma do pensamento, portanto, deve ser acompanhada por uma política de reeducação da educação.[13]

Reformas da sociedade

- Redução das desigualdades

Nossa sociedade sofre com crescentes desigualdades. Estas podem ser reduzidas por meio da taxação da especulação financeira, do aumento da tributação sobre altos rendimentos (desde que a evasão fiscal sofra penas severas), do recurso a impostos sobre grandes fortunas ou sobre o patrimônio, bem como à redução de impostos sobre os baixos rendimentos. As desigualdades também podem ser reduzidas por meio da revalorização das profissões desprezadas, que demonstraram ser essenciais durante o isolamento: coletores de lixo, operadores de carga, enfermeiros, caixas, telefonistas. Também pelo restabelecimento ou pelo fortalecimento das proteções por doença, acidente, desemprego. E por meio de uma política de grandes obras ecológico-sociais, como as aqui sugeridas, que produzirão empregos.

Por fim, as desigualdades podem ser reduzidas por meio de uma grande política de solidariedade.

- Política de solidariedade

A solidariedade do Estado-providência, com suas seguridades e garantias de todos os tipos, é insuficiente, porque anônima e padronizada. Há necessidade de solidariedade concreta e vivenciada, de pessoa a pessoa, de grupos para pessoas, de pessoas para grupos. Há em todos

---

13 Edgar Morin, *Les Sept Savoirs nécessaires à l'éducation du futur*, cit.; *La Tête bien faite*, Seuil, 1999 [ed. bras., *A cabeça bem-feita*, Bertrand Brasil, 2000, trad. Maria Helena Kühner]; *Enseigner à vivre*, Actes Sud, 2014 [ed. bras., *Ensinar a viver: manifesto para mudar a educação*, Sulina, Porto Alegre, 2015, trad. Edgard de Assis Carvalho e Mariza Perassi Bosco].

nós um potencial de solidariedade,[14] que se revela em circunstâncias excepcionais, como as que acabamos de viver, e há, numa minoria, uma pulsão altruísta permanente. Portanto, não se trata de promulgar a solidariedade, mas de liberar a força não utilizada das boas vontades e de favorecer as ações solidárias.

Sugerimos, na época de François Mitterrand, que fosse feita a experiência das "casas de solidariedade", que poderiam ser generalizadas em cidades e bairros; comportariam um *Crisis Center*, centro de urgência para todas as tribulações, e um corpo de agentes solidaristas voluntários e profissionais, permanentemente disponíveis para todas as necessidades que não fossem atendidas pelo Samu ou pelos serviços de emergência da polícia. Nessa lógica, seria possível acentuar a missão solidarista das polícias municipais.

Éramos (e continuamos sendo) também partidários de um serviço cívico de solidariedade que mobilize por um ano os jovens de dezoito anos no socorro não só às tribulações pessoais ou familiares, mas também às vítimas de desastres ou catástrofes humanas ou naturais, inclusive nos países vizinhos da Europa e do Norte da África.

Ao mesmo tempo, a nova Via favoreceria a economia social e solidária, que prolongaria, com novas formas, a economia mutualista: ela daria respaldo às iniciativas, apoiando-se em solidariedades locais ou, inversamente, estimulando essas solidariedades; formação de cooperativas e associações sem fins lucrativos para realizar serviços sociais locais.

Por fim, a solidariedade para com os miseráveis, deserdados e infelizes também deveria ser exercida em relação aos imigrantes.

---

14 Segundo nossa concepção de indivíduo-sujeito, todo sujeito humano carrega em si como que dois *softwares*. Um é o da autoafirmação egocêntrica expressa pelo Eu, que é vital para alimentar-se, defender-se, desenvolver-se; o outro é o *software* do Nós, que insere o Eu numa relação de amor ou de comunidade no seio da família, da pátria, da religião, do partido. Nossa civilização superdesenvolveu o primeiro *software* e subdesenvolveu o segundo. Mas este só está adormecido, e cumpre incitá-lo a acordar.

Em 2019 houve 270 milhões de migrantes no mundo, 82 milhões dos quais se refugiaram na Europa, fugindo de conflitos (Afeganistão, Oriente Médio, Sudão), da fome e da miséria. A população imigrante não toma o lugar dos trabalhadores locais, que em geral rejeitam as atividades humildes e sujas, que os imigrantes muitas vezes aceitam em condições de exploração vergonhosa (trabalho informal, salários baixíssimos). Hoje em dia, na França, os ilegais são indispensáveis a numerosos setores, como o dos restaurantes.

Além do mais, os imigrantes, na França, concretamente integrados ao longo de duas ou três gerações, deram consistência demográfica à nação e contribuíram com grande diversidade cultural.

No entanto, a persistência dos sentimentos de superioridade, racistas e xenófobos, as novas angústias nascidas das crescentes incertezas e das dificuldades econômicas amplificaram medos fantasiosos, como o da perda de identidade nacional ou da "grande substituição do povo francês pelas hordas árabes".[15] Ao mesmo tempo que nada indica uma escalada invasiva, o medo automistificado de uma vaga invencível impele os poderes públicos a tomar medidas cruéis de repressão e expulsão. A França republicana, que nunca havia cedido à histeria anti-imigração da extrema direita, perde seu rosto hospitaleiro ao praticar uma política de rejeição.

Essa política determinou expulsões, confinamentos, brutalidades policiais, indiferença geral em relação às vagas recentes de imigrantes da Ásia e da África, aos quais apenas algumas organizações humanitárias se dedicam. Para completar, a crise do coronavírus tem afetado

---

15 Claro que, para etnias fechadas, que vivam na certeza absoluta de suas crenças e seus ritos, haverá um limiar de tolerância não ultrapassável na instalação de estrangeiros no território. Mas, para uma nação moderna, que vive no politeísmo dos valores que comporta espírito crítico e ceticismo e alimenta o universalismo, não seria concebível um limiar de tolerância. Por outro lado, o atual reflexo anti-imigrante decorre não só das maiores angústias já mencionadas, mas também do atraso da consciência de que a França é multicultural não só graças à variedade étnica de suas províncias, mas também à implantação de africanos, asiáticos, magrebinos.

os ilegais e os sem-teto com grande virulência. Também nesse caso, trata-se de despertar a solidariedade humana.

- Verdade sociológica de solidariedade/responsabilidade

Solidariedade e responsabilidade são necessidades fundamentais de uma sociedade cujos integrantes são livres: quanto mais crescem as liberdades, mais diminuem as coações que impõem a ordem, mais crescem as desordens indissociáveis das liberdades, mais cresce a complexidade social. Mas a desordem extrema torna-se destruidora, e a complexidade desanda em desintegração. A única coisa que pode proteger a liberdade, tanto da ordem que impõe quanto da desordem que desintegra, é a presença constante, na mente de seus integrantes, do pertencimento solidário a uma comunidade e do sentimento de responsabilidade em relação a essa comunidade. Assim, portanto, a ética pessoal de responsabilidade/solidariedade dos indivíduos é também uma ética social que sustenta e desenvolve uma sociedade de liberdade.

Essa ética (e as fontes de toda ética são a solidariedade e a responsabilidade)[16] contribuiria para a reumanização da sociedade e para a regeneração do civismo, que é indissociável da regeneração democrática.

2. Uma política civilizacional

A civilização ocidental comporta, de maneira complementar e antagônica, características positivas e características negativas. A política civilizacional seria praticada contra as características negativas crescentes de nossa civilização, desenvolvendo, ao mesmo tempo, suas características positivas.

---

16 Ver *La Méthode. Éthique* (vol. VI), Seuil, 2005 [ed. bras., *O Método. Ética* (vol. 6), Sulina, Porto Alegre, 2005, trad. Juremir Machado da Silva].

Os males de nossa civilização

A conjunção dos desenvolvimentos urbanos, técnicos, estatais, industriais, capitalistas e individualistas corrói por dentro a civilização que essa mesma conjunção produziu e fez desabrochar. De modo que a contrapartida negativa dos benefícios de que continuamos gozando não parou de ampliar-se.

Os males de que nossa civilização padece são, efetivamente, os que tiveram origem na contrapartida da individualização, da tecnicização, da monetarização, do desenvolvimento, do bem-estar.

Como vimos, a conjunção de egocentrismo — que reduz o horizonte ao interesse pessoal e dissolve a compreensão daquilo que é global — e compartimentação no trabalho determina o enfraquecimento do senso de solidariedade, que determina o enfraquecimento do senso de responsabilidade.

A desresponsabilidade favorece o egocentrismo, que conduz à desmoralidade (degradação do senso moral). A desresponsabilidade e a desmoralidade favorecem a propagação da irresponsabilidade e da imoralidade.

A individualização é ao mesmo tempo causa e efeito da autonomia, das liberdades e das responsabilidades pessoais, mas tem como contrapartida a degradação das antigas solidariedades[17], a atomização das pessoas, o enfraquecimento do senso de responsabilidade para com o próximo, o egocentrismo.

A máquina humana

Técnica é aquilo que possibilita aos seres humanos pôr energias naturais a seu serviço por meio de máquinas. Mas é também o que

---

17 A dissolução das solidariedades tradicionais nem por isso suscitou a formação de novas solidariedades que não sejam burocráticas. É verdade que o Estado assume cada vez mais funções de solidariedade, mas de modo anônimo, impessoal, tardio. Segundo expressão de Octavio Paz, ele se tornou um "ogro filantrópico". O Estado segurador é cada vez mais indispensável e contribui para a degradação das solidariedades concretas.

possibilita pôr os seres humanos a serviço da lógica determinista, mecanicista, especializada, cronometrada da máquina artificial. A lógica da máquina industrial nas empresas, nos escritórios, na vida urbana, no lazer impõe critérios padronizados e impessoais, aos quais a convivialidade resiste em maior ou menor grau. A lógica da máquina artificial, que já eliminou porteiros, guardas, funcionários em estações, trens, metrôs, pedágios, estacionamentos e até nas caixas de alguns grandes supermercados, tende a fazer da vida social uma gigantesca máquina automática, que a inteligência artificial fará crescer ao extremo. A contrapartida do desenvolvimento industrial, ao mesmo tempo criador de bem-estar (para os clientes) e de mal-estar (para seus trabalhadores), agora apresenta duas ameaças: uma vem da degradação ecológica dos ambientes de vida; a outra, da degradação sociológica da qualidade de vida.

O desenvolvimento das produções, das trocas e das comunicações provocou a mercantilização generalizada, inclusive nas esferas em que reinavam a ajuda mútua, a solidariedade, os bens comuns e a gratuidade, destruindo, assim, numerosos tecidos de convivialidade. O mercado privilegia em todas as ocasiões o cálculo de interesse e dessolidariza na mesma proporção. A contrapartida da monetarização são a necessidade de somas crescentes de dinheiro apenas para sobreviver e o encolhimento do papel do serviço gratuito, da dádiva, ou seja, da amizade e da fraternidade.

As pequenas cidades se desertificam, as terras se degradam sob os efeitos da agricultura industrial, que produz alimentos insípidos e pouco saudáveis. As cidades sofrem os danos da anonimização. Estendem-se cidades-escritório e subúrbios-dormitório. Os bairros definham, multiplicam-se os grandes conjuntos anônimos. Os porteiros são substituídos por cérberos. O pequeno comércio local vai desaparecendo aos poucos. O alimento congelado, os supermercados, a telecompra diminuem as oportunidades de intercâmbio nas ruas comerciais e destroem as relações de confiança entre fornecedores e fregueses, assim como a conversa fiada e os mexericos de bairro. A isso se soma a asfixia causada pela circulação de automóveis, que por si mesmos contribuem para a sufocação da sociabilidade, para a irritação das mentes e dos pulmões.

Um mal-estar difuso

Nossa civilização, em seu contínuo desenvolvimento técnico-econômico-industrial, também se caracteriza pelo crescimento ininterrupto das necessidades, entre as quais a do consumo de energia. Mal começamos a tomar consciência de que esse consumo comporta desperdícios e esbanjamentos, determinando degradações. A poluição urbana, a baixa qualidade da alimentação industrializada e a alienação consumista provocam a degradação de nossa civilização.

A cronometrização e a mecanização da vida são aumentadas pelas racionalizações, que aplicam a lógica das máquinas ao ser humano.

Um mal-estar interno parasita o bem-estar externo. A elevação do nível de vida é deteriorada pelo rebaixamento da qualidade de vida.

O mal-estar geral é difuso, intermitente e vivenciado de modos diversos. Mas as revoltas da juventude o revelam de forma intensificada.

Daí porque a necessidade de uma política civilizacional que promova o progresso das qualidades inerentes à democracia, à autonomia individual e ao bem viver, reduzindo esses vícios que crescem com o desenfreamento das forças do lucro, o desaparecimento da solidariedade sob o efeito da compartimentação generalizada e do aspecto negativo do individualismo, que é o egoísmo.

Menos, porém melhor

As intoxicações da civilização, entre as quais a consumista e o vício do automóvel, contribuem enormemente para a degradação ecológica e, de modo correlativo, para a degradação das condições de vida. Uma política civilizacional implicaria a ação perseverante contra as "intoxicações" da civilização, o incentivo à reciclagem e aos reparos, para evitar o esbanjamento, rejeitaria o descartável. Abandono do consumismo não significa austeridade, mas temperança, e a temperança se adapta aos excessos das festas, dos banquetes e dos aniversários que pontuam com intensa poesia a prosa da vida cotidiana. Trata-se de substituir a hegemonia da quantidade pela hegemonia da qualidade; a obsessão do mais pela obsessão do melhor.

Sem dúvida, essa política reformadora implicaria gastos consideráveis: grandes obras urbanas, pesados investimentos em transportes (rodoferroviários) e habitação. Esses gastos não só seriam capazes de reativar a atividade econômica em época de desemprego, especialmente após o desemprego do isolamento, como também gerariam, a longo prazo, enorme economia em saúde. Sob efeito dessas reformas, a redução massiva de asmas, bronquites e estafas — males estes que, na verdade, são sociopsicossomáticos —, portanto, a redução do consumo de antidepressivos, drogas, soníferos etc. e, correlativamente, o desenvolvimento da qualidade de vida provocariam a redução contínua do orçamento da saúde pública. Enfim, dar sentido político à qualidade de vida criaria a esperança de futuro melhor.

A qualidade de vida se traduz por bem-estar no sentido existencial, e não apenas material. Implica a qualidade das relações com o próximo e a poesia dos envolvimentos afetivos e afetuosos.

A *"verdadeira vida"*

Evidentemente, a política não pode criar a felicidade individual. É preciso parar de acreditar que o objetivo da política seja a felicidade. Ela pode e deve eliminar as causas públicas de infelicidade (guerra, fome, perseguições). Não pode criar a felicidade, mas pode favorecer e facilitar a possibilidade de cada um viver poeticamente,[18] ou seja, na autorrealização e na comunhão.

A política civilizacional exige a plena consciência das necessidades poéticas do ser humano. Precisa esforçar-se para atenuar coações, servidões e solidões, para se opor à invasão cinzenta da prosa, permitindo que os seres humanos expressem suas aptidões poéticas.

A aspiração cada vez mais profunda à "verdadeira vida" é provocada e alimentada pelo caráter individualista de nossa civilização; ao mesmo tempo, é inibida por suas coerções e desviada para o imaginário e o lazer, de tal modo que uma economia de fuga se põe a serviço da busca da "verdadeira vida": clubes de encontros, clubes recreativos, *resorts*, agências turísticas, turismo rural empenham-se em oferecer condições para essa outra vida. Todas essas ambivalências, todos esses coquetéis de convites à verdadeira vida, que é poesia, e de desvio da verdadeira vida, tudo isso tem algo de diversivo, de diversão, de evasão, de retorno às raízes mítico-imaginárias, mas tudo isso também possibilita viver fragmentos, momentos, experiências de verdadeira vida.

Por fim, a política civilizacional tende a favorecer a expansão das relações conviviais e afetivas numa civilização propícia à poesia da vida, em que o Eu desabroche no Nós.[19]

A política civilizacional contribui para a política ecológica, que contribui para a política civilizacional. Contribui para a política da humanidade, que contribui para a política civilizacional. A política da nação contribui para a política da humanidade, que contribui para a vitalidade das nações. Todas essas vias reformadoras, interativas e interprodutivas poderiam conjugar-se para constituir a Via.

---

18 O estado prosaico e o estado poético são nossas duas polaridades, necessárias uma à outra: se não houvesse prosa, não haveria poesia. Um nos põe em situação utilitária e funcional, e sua finalidade é utilitária e funcional. O outro pode estar ligado a finalidades amorosas, fraternas, mas também tem sua finalidade própria. Viver poeticamente é viver por viver.

19 Michel Maffesoli indicou com justiça a necessidade de comunidade a que dá o nome de tribalismo. Mas está equivocado ao pensar que esse tribalismo nega o individualismo, pois na verdade ele atende à necessidade de desenvolvimento individual.

Podemos agora reconhecer o sentido de política civilizacional. Trata-se de responder às degradações e desumanizações da política, do Estado, da democracia, da sociedade, da civilização e do pensamento com um pensamento e uma ação que se voltem para sua regeneração e humanização.

3. Uma política da humanidade

A consciência de pertencer à comunidade humana

Ela nos lembraria que o mundo está em cada um de nós da manhã à noite, não só nas informações, mas também no café colombiano, no chá chinês, nas bananas, nas laranjas, nas camisas de algodão do Egito, nas meias de fio de Escócia, no suéter de lã da Austrália, no carro japonês, no bacalhau da Islândia, nos camarões de Madagascar, no uísque escocês. Até mesmo nossos tomates mediterrâneos e nosso milho da Aquitânia vieram do México, assim como nossas batatas locais foram primeiro peruanas.

Ora, estamos neste mundo assim como ele está em nós, e descobrimos que este mundo está em crise.

Uma política da humanidade daria a cada nação o senso da comunidade humana. Ela requer de cada uma que seu sistema de ensino dê a seus cidadãos a consciência de pertencerem à humanidade (o que, aliás, preveniria xenofobia e racismo).

Uma política da humanidade comportaria a preocupação de salvaguardar indissoluvelmente a unidade e a diversidade humana: o tesouro da unidade humana é a diversidade humana, o tesouro da diversidade humana é a unidade humana. Ela estaria atenta a preservar as culturas ameaçadas pela homogeneização e pela padronização.

Uma política da humanidade faria a simbiose entre o que há de melhor na civilização ocidental e as contribuições extremamente ricas das outras civilizações; nesse sentido, seria uma política da nova civilização planetária, englobando, e não suprimindo, as diversas civilizações.

A civilização ocidental pode e deve propagar o que tem de melhor: tradição humanista, pensamento crítico e autocrítico, princípios democráticos, direitos humanos. Também precisa abandonar a arrogância. As civilizações tradicionais mantêm relação com a natureza, têm senso de inclusão no cosmos, de laços sociais comunitários que precisam conservar, mesmo introduzindo em si o melhor do Ocidente.

A globalização deveria reformar-se. Seu caráter essencialmente tecnoeconômico não provocou apenas retrações nacionalistas, étnicas e religiosas, por um mecanismo de reação, mas também criou interdependência generalizada, sem nenhuma solidariedade, o que ficou demonstrado plenamente pelo fechamento dos Estados-Nação com a chegada da epidemia.

Nesse ponto, os três princípios que expusemos sobre a política nacional atingem amplitude planetária: globalização/desglobalização, crescimento/decrescimento, desenvolvimento/envolvimento.

Nesta última conjugação, é preciso considerar que, introduzindo o individualismo ocidental nas sociedades patriarcais, o desenvolvimento também introduz liberdades, tal como, para as jovens gerações, a escolha do cônjuge ou da profissão. Introduz a modernidade do capitalismo ocidental no autoritarismo patriarcal, criando-se uma simbiose. Com frequência somou o poder do dinheiro ao poder feudal, ou o substituiu. Acima de tudo, destruiu solidariedades tradicionais e multiculturas que davam às populações pobres a possibilidade de sobreviver, proletarizando-as nas periferias das grandes cidades ou em favelas. Libertou da pobreza uma parte daqueles que a padeciam, mas com frequência também transformou a pobreza em miséria.

Por isso, é preciso manter e ampliar tudo o que do desenvolvimento produz bem-estar, saúde e liberdade, unindo-o a tudo o que protege comunidades e solidariedades.

A política da humanidade é também uma política humanitária em escala planetária, que deveria mobilizar não só os recursos materiais, mas também as juventudes dos chamados países desenvolvidos, para um serviço cívico planetário, que substitua os serviços militares, a fim de ajudar *in loco* as populações necessitadas.

Uma política da humanidade deveria instaurar a regulação do frenesi tecnoeconômico mundial, o que pressuporia um poder mundial de controle, superior às instâncias atuais da ONU.

Por meio do acordo entre as nações, também poderia abolir os paraísos fiscais e, desse modo, limitar ao máximo as evasões fiscais. Poderia também eliminar o gigantesco poder financeiro das máfias da droga, que prosperam com o tráfico clandestino, eliminando universalmente a proibição das drogas e dando livre acesso a elas, como ocorre com o fumo e o álcool.

Poderia considerar a possibilidade de controlar as multinacionais, que poderiam ganhar maior importância após a crise.

Deveria, antes de tudo, agir no sentido de pôr fim aos atuais conflitos bélicos e — o que é correlativo — deter a corrida armamentista. Deveria agir para abolir as armas nucleares. (Sabemos que, atualmente, isso não passa de boa intenção, mas pode ser que a salvação chegue na beira do abismo.)

Tudo isso, claro, continuará sendo impossível se não ocorrer uma reforma da ONU ou a fundação de novas instituições com competência mundial, dotadas de poderes executivos, o que exige, previamente, a forte expansão da consciência de comunhão de destinos em toda a humanidade.

Acaso não se poderia pensar, de imediato, na formação de um Conselho Mundial das Consciências, constituído por personalidades laicas e religiosas, cada uma delas com autoridade moral ou espiritual, cuja preocupação principal seriam os destinos da humanidade?

Proteção e direitos dos migrantes

Já mencionamos que houve 270 milhões de migrantes em 2019, entre os quais 26 milhões de refugiados de guerras e da fome, e outros, da penúria e da miséria. Cabe acrescentar que há uma emigração de cérebros (médicos, engenheiros e outros): africanos para a Europa e europeus para os Estados Unidos, o Reino Unido e o Canadá.

As imigrações mais numerosas ocorrem em direção ao Canadá, à Austrália e à Arábia Saudita (onde representam 80 % da mão de obra) e aos Estados produtores de petróleo.

Seria desejável que a ONU promulgasse uma declaração de direitos dos migrantes e inscrevesse no Tribunal Internacional a possibilidade de punir as violações desses direitos, tais como a violência, a internação em campos de concentração, a expulsão sem garantia de acolhida em outro país.

Não se deveria conceder aos seres humanos o direito à livre circulação que é dado às mercadorias? Não seria esse o único meio de dar sumiço às máfias imundas que organizam o transporte e a morte dos migrantes?

Uma instância especial da ONU examinaria o problema das migrações, especialmente com a previsão de eventuais vagas futuras criadas pelo aumento do aquecimento global, por perturbações várias, devidas ao agravamento das condições de vida por carência de água, inundações e pela mais que provável ampliação dos atuais conflitos no Oriente Médio e na Ásia. O aquecimento da Sibéria e do Canadá poderia oferecer terras de asilo e trabalho aos migrantes expulsos do Sul por esse mesmo aquecimento, tornando essas terras férteis e prósperas, evidentemente sem atentar contra os direitos dos autóctones.

Proteção aos povos primígenos

Subsiste em todos os continentes, menos na Europa, uma miríade de povos arcaicos (essa palavra significa ao mesmo tempo antigo e primígeno), englobados em nações modernas; cada um deles tem forte identidade, língua própria, mitos e crenças e se organiza em sociedades de centenas de indivíduos. As sociedades de caçadores-coletores são os últimos testemunhos da humanidade primeira de *Homo sapiens* que se espalhou pelo globo durante cinquenta mil anos de pré-história e foi sendo aniquilada pela expansão das sociedades históricas que, surgidas há seis ou oito milênios, se dotaram de Estado, exército, agricultura e cidades, dispondo de poderosos meios técnicos.

Esse genocídio, que se tornou planetário, acelerou-se e intensificou-se de tal modo que, em montanhas afastadas, desertos e florestas profundas, só restam vestígios dessa humanidade, que tudo leva a crer estar fadada à morte.

São micronações, pequenos povos, pequenas etnias, dispersas, sem defesa. Contrariando a visão de Lévy-Bruhl, que nelas via apenas pensamento místico e mágico, infantil e irracional, elas têm um pensamento racional, técnico e prático que as torna capazes de fazer arcos, flechas e zarabatanas, lançar mão de táticas refinadas para caçar, conhecer qualidades e virtudes das plantas para a alimentação ou a cura de doenças. Tal como entre nós, que temos outros mitos, outras ilusões, o pensamento simbólico-mítico-mágico não se confunde com o pensamento racional-técnico-prático, mas com ele se combina.

Há nesses povos primígenos uma riqueza impressionante de saberes e habilidades que os etnofarmacologistas mal começam a explorar. Seus xamãs dispõem de capacidades psíquicas que não conseguimos desenvolver. Essas sociedades são modelos de solidariedade comunitária. Embora não haja individualismo à nossa maneira, cada indivíduo dispõe do pleno uso de suas aptidões sensórias: visão, audição, olfato, tato. Nelas, o homem e a mulher têm múltiplas competências. O homem faz ferramentas, fabrica armas e projéteis, sabe encontrar a pista da caça, persegui-la e abatê-la; constrói a moradia, modela os brinquedos dos filhos. A mulher cuida das crianças, colhe vegetais para a alimentação ou para a forragem, cozinha, faz cerâmica, tecidos e joias.

Em nosso mundo ocidentalizado, o desenvolvimento das técnicas e das especializações atrofiaram nossas aptidões sensórias e inibiram nossas disposições para a multicompetência, encontradas apenas nos dotados para a bricolagem.

As enormes conquistas de nossa civilização não devem nos levar a ignorar as qualidades perdidas de solidariedade e comunidade, nem ocultar nossas barbáries, que prosseguem na aniquilação cultural e física daqueles que são análogos a nossos mais antigos pais, mães, irmãos e irmãs.

Os que são arrancados à força de sua cultura deixam-se morrer, como os alakalufs da Terra do Fogo, ou como aquele povo amazônico cujos objetos sagrados foram destruídos pelos missionários, que os obrigaram a vestir-se e a adorar a cruz.

Os povos indígenas sobreviventes do Canadá e dos Estados Unidos, unindo-se e resistindo, conseguiram salvar pelo menos a identidade e uma parte de sua cultura. Os amazônicos, apesar da lei que reconhece seus territórios, desde que se instalou o novo governo federal no Brasil estão fadados ao extermínio. Até porque o coronavírus se propagou rapidamente entre os povos primígenos, que têm poucas defesas imunológicas contra esse tipo de vírus.

4. Uma política da Terra

Política mundial da água

Vimos em nossas telas que, durante os isolamentos, as águas se tornavam límpidas, os nevoeiros de poluição se dissipavam, o ar ficava puro, as colmeias se enchiam mais de mel, os animais retomavam seus espaços, a natureza renascia.

Isso confirma que não se pode voltar ao desenfreamento tecnoeconômico que estava degradando cada vez mais a biosfera. Confirma a necessidade ecológica e humana de eliminar em ritmo rápido todas as energias poluentes em proveito das energias eólicas, solares, geotérmicas e das marés, bem como de reduzir progressivamente as fontes e as causas de poluição e toxicidade urbana, rural, aquática, marítima.

Deve-se pensar numa política mundial da água. O uso maciço da água na agricultura industrializada, a poluição dos lençóis freáticos pelos resíduos da pecuária industrial, a poluição de rios, lagos e mares sob efeito do lixo e de detritos nocivos das cidades e das indústrias, tudo isso vai tornando raro o bem mais corrente. A comercialização da água transforma o bem eminentemente gratuito em bem pago. As secas endêmicas e o aquecimento global fazem da água um bem fundamental para as nações. A raridade da água em regiões de tensões e conflitos, como o Oriente Médio, transforma-a em bem geopolítico.

Política mundial das energias limpas e de tratamento de resíduos

Podemos retomar e generalizar em escala planetária nossas propostas de ecopolítica enunciadas para a esfera nacional francesa. Essa gigantesca reconversão não deveria prejudicar brutalmente os Estados que extraem seus principais recursos do petróleo e precisaria oferecer-lhes a ajuda necessária para a implantação de energia solar nas zonas secas, de energia hidráulica nas zonas úmidas.

Cada Estado nacional deve incentivar os cidadãos e as empresas especializadas a reciclar os resíduos, em vez de destruí-los por incineração e, sobretudo, de deixá-los poluir seu território. Deveria nascer uma política mundial de saneamento de oceanos, mares e rios multinacionais, bem como de imensas extensões de terras poluídas e esterilizadas pela agricultura industrial.

Solidários do planeta

Por fim, é indispensável retomar e ampliar o esforço, mal e mal iniciado após o acordo de Paris, por um acordo geral que seja assumido pela

ONU, em torno de uma grande carta política da Terra, entendendo-se que cada Estado deva assumir e aplicar essa política em seu território. Trata-se de deixar que se reconstitua a biodiversidade planetária, animal, vegetal e agrícola (pois é a diversidade genética do trigo que possibilita evitar os danos de uma epidemia destruidora, deixando-se que prosperem as plantas resistentes). Retomamos aqui os princípios da necessária retração da agricultura e da pecuária industriais e do necessário avanço da agricultura de pequena propriedade e da agroecologia.

A conscientização da comunhão de destinos terrestres entre a natureza viva e a aventura humana deve tornar-se um acontecimento importante de nosso tempo: devemos nos sentir solidários com este planeta, pois nossa vida está ligada à sua existência; precisamos não só arrumá-lo, mas também poupá-lo: precisamos reconhecer nossa filiação biológica e nossa filiação ontológica; é o cordão umbilical que precisa ser reatado.

Vivemos um paradoxo: quanto mais indispensável, mais difícil é a transformação. Isso significa que ela exige perseverança e coragem.

5. Por um humanismo regenerado

A complexidade humana

O humanismo regenerado rejeita o humanismo de quase divinização do homem, voltado para a conquista e a dominação da natureza. Reconhece a complexidade humana, feita de contradições. O humanismo regenerado reconhece nossa animalidade e nosso cordão umbilical com a natureza, mas reconhece nossa especificidade intelectual e cultural. Reconhece nossa fragilidade, nossa instabilidade, nossos delírios, a ignomínia das matanças, das torturas e dos escravagismos, as lucidezes e as cegueiras do pensamento, a sublimidade das obras-primas de todas as artes, as obras prodigiosas da técnica e as destruições operadas por meio dessa mesma técnica. O homem é ao mesmo tempo *sapiens* e *demens*, *faber* e *mythologicus*, *economicus* e *ludens*, ou seja, *Homo complexus*. Pascal o formulou de maneira decisiva: "Que quimera é, pois, o homem? Que novidade, que monstro, que caos, que sujeito de contradição, que prodígio! Juiz de todas as coisas, imbecil minhoca, depositário da verdade, cloaca de incerteza e de erro: glória e refugo do universo. Quem desenredará esse emaranhado?"[20]

O humanismo regenerado, reconhecendo o *Homo complexus*, compreende que é preciso aliar razão e paixão incessantemente, que a afetividade humana pode conduzir ao amor ou ao ódio, à coragem ou ao medo, que a razão sozinha e gélida é desumana, que a técnica pode trazer o melhor e o pior, que a mente humana não parará de produzir mitos para se pôr a serviço deles, que o injustificado, o jogo e as paixões, mesmo em nossa civilização, em que o interesse econômico é hipertrofiado, não permitem que este reine absoluto.

Isso significa que toda arte política, assim como toda esperança humanista, precisa levar em conta ambiguidades, instabilidades e versatilidades humanas.

Reforma pessoal e revitalização ética

Não devemos pensar em transformar o homem em ser perfeito ou quase divino. Mas podemos tentar desenvolver o que nele há de melhor, ou seja, sua faculdade de ser responsável e solidário.

Solidariedade e responsabilidade são imperativos não só políticos e sociais, mas também pessoais. Desde já deveríamos entender que reforma da sociedade e reforma pessoal são inseparáveis. Gandhi escreveu: "Sejamos a mudança que queremos ver no mundo". Ora, muitos de nós vivem numa separação total entre ideias altruístas e comportamentos egoístas. Como quer ter acesso a um mundo de compreensão,

---

20 Em "La double condition de l'homme" [A dupla condição do homem], *Pensées*, cit.

benevolência e solidariedade quem não é compreensivo, benevolente e solidário? Como pode edificar um mundo de relações humanas melhoradas quem continua egoísta, vaidoso, invejoso, mentiroso?

Podemos depreender os imperativos da reforma pessoal:

— conhecer segundo o conhecimento complexo, que interliga os saberes para conceber os problemas fundamentais e globais;
— pensar segundo a razão sensível, que realiza a dialética permanente razão/paixão;
— agir segundo o imperativo ético primeiro de responsabilidade/solidariedade;
— viver segundo a necessidade poética de amor, comunhão e encantamento estético.

Os objetivos do humanismo, em suma, devem realizar-se em cada um.

Identidade humana: unidade/diversidade

A primeira característica do humanismo foi formulada por Montaigne: "Considero todos os homens meus compatriotas".[21] É o reconhecimento do outro em sua plena qualidade humana.

Esse princípio da identidade humana comum na verdade não era universalizado. Os colonizados, os explorados e as mulheres eram considerados sub-humanos ou seres infantis, que não tinham atingido o estágio adulto. Hoje precisamos tornar esse princípio universal e concreto.

O humanismo regenerado não se limita a reconhecer a unidade humana. Liga a unidade à diversidade humana. Todos os seres humanos são semelhantes nos aspectos genético, anatômico, fisiológico, afetivo e mental, mas são, ao mesmo tempo, todos diferentes nos aspectos

---

21 *Ensaios*, 1580.

genético, anatômico, fisiológico, afetivo e mental. Todas as culturas são dotadas de linguagem com a mesma estrutura (dupla articulação). Cada uma tem sua língua própria. Todas as culturas têm costumes, indumentária, técnicas, crenças, músicas, estéticas, mas estes são particulares de cada uma.

A segunda característica do humanismo regenerado é incentivar a uma dialética permanente entre o Eu e o Nós, a ligar o desenvolvimento pessoal à integração numa comunidade, a buscar as condições para que um Eu possa desabrochar num Nós, e o Nós possa permitir que o Eu desabroche.

Razão sensível

A base intelectual do humanismo regenerado é a razão sensível e complexa.

Precisamos renunciar à redução do conhecimento e da ação ao cálculo e precisamos repudiar a razão gelada que obedece incondicionalmente à lógica do terceiro excluído.

Não só é preciso adotar o axioma "não há razão sem paixão, não há paixão sem razão", como também nossa razão sempre deve ser sensível a tudo o que afeta os seres humanos.

Mais ainda: a razão sensível precisa integrar o amor em si mesma. O amor é a mais forte e mais bela relação intersubjetiva que se conhece. O amor na humanidade extrapola as relações entre indivíduos, irriga o mundo das ideias, dá seiva à ideia de verdade, que nada é sem o amor à verdade; é o único complemento possível da liberdade, pois sem ele a liberdade se torna destrutiva. O amor deve ser introduzido, em relação indissolúvel e complexa, no princípio de racionalidade. Deve constituir um componente da racionalidade complexa.

Realismo e utopia

O humanismo regenerado complexifica as noções de realismo e de utopia.

Existem dois realismos. O primeiro consiste em crer que o real presente é estável. Ignora que o presente está sempre sendo trabalhado por forças subterrâneas, à imagem da velha toupeira, como dizia Hegel, que acaba rompendo um solo que parecia firme. Esse realismo acredita serem intangíveis a ordem e a organização da sociedade e do mundo em que ele se encontra. Como dizia Bernard Groethuysen sobre o realismo de adaptação pura e simples: "Ser realista, que utopia".

O verdadeiro realismo sabe que o presente é um momento num devir. Tenta detectar os sinais, sempre fracos de início, que anunciam transformações. Assim, o realismo político dos anos 1930 deveria ter captado os sinais enviados pelos laboratórios de Fermi e de Joliot sobre as possibilidades de utilização da energia atômica. O realismo de 1972 consistiria em levar em consideração o sinal emitido pelo relatório Meadows sobre a degradação da biosfera e dele extrair as consequências. O verdadeiro realismo de 2020 é não voltar à aparente normalidade anterior, mas reformar a política, o Estado, a civilização.

Quando a sociedade está em transformação, esse realismo trivial não quer nem pode pensar em transformar essa transformação. O verdadeiro realismo, por sua vez, tenta conceber as possibilidades de utilizar e modificar os processos transformadores do presente. O verdadeiro realismo pode propor ideias que parecem utópicas para os realistas oficiais. O verdadeiro realismo sabe que o improvável é possível e que o mais importante e frequente é a chegada do inesperado no real. Foi o que ocorreu com o princípio do retorno à autonomia sanitária, com o descumprimento das regras orçamentárias consideradas sacrossantas: gastos julgados impossíveis quando o mundo hospitalar os reivindicava durante todo o mês anterior à epidemia concretizaramse como num passe de mágica. Tudo o que era proclamado irrealizável realizou-se sem demora.

Assim como há dois realismos, há duas utopias. A "má" utopia é a que quer eliminar todos os conflitos e todas as perturbações e realizar harmonia e perfeição. Ora, nada é mais mortal que o perfeito. A "boa" utopia é irrealizável no presente, mas dispõe das possibilidades técnicas ou práticas de realização: assim, seria possível instituir uma ordem internacional que estabelecesse a paz na terra entre as nações, seria possível alimentar todos os habitantes do planeta. É exatamente a boa utopia que aspira a uma reforma da globalização, ao abandono do neoliberalismo, ao controle do hipercapitalismo.

A utopia do melhor dos mundos deve dar lugar à esperança de um mundo melhor. Como toda grande crise, como toda grande infelicidade coletiva, nossa crise planetária desperta essa esperança. O humanismo precisa regenerar essa grande e permanente aspiração da humanidade a um mundo melhor. Mas esse mundo, mesmo que pudesse advir, não seria irreversível. Nenhuma conquista é irreversível, nem a democracia, nem os direitos humanos. Nenhuma conquista da civilização é definitiva. O que não se regenera degenera. Por isso, o verdadeiro realismo é de regeneração permanente. Trotski acreditava na revolução permanente; nós devemos praticar a regeneração permanente.

A verdadeira arte do realismo é estratégica, e não programadora. A ecologia da ação[22] ensina que toda ação, ao ingressar no meio que ela deve modificar, pode ser modificada por esse meio, desviada de seu objetivo e até redundar no contrário do que tencionava. Quantos desencadeadores de guerra, certos da vitória, não acabaram num desastre? Daí decorre que devemos ser muito vigilantes para que nossas ações não se desviem de suas primeiras intenções em virtude de alguma reação extrema e mortífera, como ocorreu à primavera árabe e a tantas primaveras massacradas.

---

22 Ver *O método* (vol. V), cit.

O realismo considera ao mesmo tempo o provável e o improvável e prevê a possibilidade do imprevisto. Comporta uma estratégia capaz de se modificar de acordo com as informações, os acasos e os contratempos sofridos durante a ação.

O verdadeiro realismo supera o mau realismo e ignora a má utopia. Por isso, renunciar ao melhor dos mundos não é renunciar a um mundo melhor.

O humanismo trazia em si a ideia de progresso e era trazido por ela. O progresso, desde Condorcet, era considerado uma Lei à qual a história humana obedece. Parecia que razão, democracia, progresso científico, progresso técnico, progresso econômico e progresso moral eram inseparáveis. Essa crença, que nasceu e se manteve no Ocidente, chegou a propagar-se no mundo, apesar dos terríveis desmentidos dos totalitarismos e das guerras mundiais do século XX. Em 1960, o Oeste prometia um futuro harmonioso; o Leste, um futuro radioso. Esses dois futuros desabaram pouco antes do fim do século XX, substituídos por incertezas e angústias, e a fé no progresso já não deve acreditar num futuro prometido, mas ter esperança num futuro possível.

Humanismo planetário

O humanismo regenerado é essencialmente um humanismo planetário. O humanismo anterior carregava em si um universalismo potencial. Mas não existia essa interdependência concreta entre todos os seres humanos, que se tornou uma comunhão de destinos, criada e ampliada incessantemente pela globalização.

Como a humanidade agora está ameaçada — não só por novas epidemias, mas pela degradação acelerada da biosfera, pela proliferação de armas nucleares, pela disseminação de fanatismos e pela multiplicação de guerras civis internacionalizadas —, a vida da espécie humana e, inseparavelmente, a da biosfera tornam-se um valor primordial, um imperativo prioritário.

Como anunciamos na introdução, a megacrise provocada pelo coronavírus é o sintoma brutal de uma crise da vida terrestre (ecológica), de uma crise da humanidade, que é por sua vez uma crise da modernidade, uma crise do desenvolvimento técnico, econômico, industrial, uma crise do paradigma mestre que fratura as complexidades em todas as esferas, provocando uma corrida que conduz ao abismo.

Precisamos compreender então que, para poder sobreviver, a humanidade deve *metamorfosear-se*. Jaspers disse isso pouco depois da Segunda Guerra Mundial. Hoje, o humanismo regenerado precisa encontrar as vias para uma metamorfose.

Enquanto a solidariedade/responsabilidade permanecia limitada a comunidades restritas ou fechadas (família, pátria), o humanismo de Montaigne e de Montesquieu já lhe atribuía sentido universal. Mas esse universalismo só pôde tornar-se concreto com a comunhão planetária de destinos. O humanismo, agora planetário, demanda, portanto, que a solidariedade/responsabilidade, sem deixar de ser exercida nas comunidades existentes, seja ampliada para a comunhão planetária de destinos. Embora por toda parte haja um despertar de solidariedade nacional, não ocorreu despertar de uma solidariedade planetária, afora algumas exceções (médicos cubanos, ajuda chinesa, cooperações internacionais entre médicos e biólogos, apesar dos obstáculos).

E mais: o humanismo deve assumir conscientemente a grande aspiração que atravessa toda a história humana, sobretudo porque as comunidades tendem a abafar os indivíduos, e o individualismo tende a desintegrar as comunidades: o desabrochar da pessoa no seio de uma comunidade; desabrochar o Eu no desabrochar do Nós.

Terra-pátria: identidade terráquea

Por fim, a consciência planetária chega por si mesma à ideia de Terra-pátria: aqui estamos, humanos minúsculos, na minúscula película de vida que cerca o minúsculo planeta perdido no gigantesco universo.

Esse planeta, porém, é um mundo, o nosso. Esse planeta é, ao mesmo tempo, nossa casa e nosso jardim. Descobrimos os segredos de nossa árvore genealógica e de nosso documento de identidade terráqueo, que nos dão a reconhecer nossa mátria terrestre no momento em que as sociedades esparsas no globo se tornaram interdependentes e em que está coletivamente em jogo o destino da humanidade.

Repetimos: a tomada de consciência da comunhão terrestre de destinos deveria ser o acontecimento fundamental de nosso século. É, sem dúvida, a mensagem mais forte da crise de 2020. Somos solidários no e com o planeta. Somos seres antropobiofísicos, filhos da Terra. É nossa Terra-pátria.

Realização da humanidade em Humanidade, nova comunidade englobante da Terra-pátria, metamorfose da humanidade são faces da nova aventura humana possível. É verdade que o acúmulo de perigos, a corrida da nave espacial Terra, cujos motores são os desenvolvimentos descontrolados da ciência, da técnica, da economia, tornam incerto o resultado.

É verdade que pode parecer impossível mudar de via. Mas todas as novas vias conhecidas na história humana foram inesperadas, filhas de desvios que conseguiram se enraizar, tornar-se tendências e forças históricas. É verdade que somos levados como sonâmbulos num devir de que somos joguetes. Como escreve Pascal: "Corremos despreocupados para o precipício, depois de pormos alguma coisa à nossa frente para nos impedir de vê-lo."[23] Mas podemos desvencilhar-nos desse sonambulismo tomando consciência dele e olhando para além do aqui e agora.

Tantas transformações parecem necessárias simultaneamente, tantas reformas econômicas, sociais, pessoais e éticas se tornam imprescindíveis num momento em que tudo retrocede: essa constatação poderia levar à desesperança.

---

23 "Começo", *Pensées*, cit.

Mas em quase todo o mundo, ensejadas por essa multicrise mundial, aparecem miríades de germinações, brotam miríades de pequenos córregos, que, caso se unissem, formariam regatos, que poderiam confluir e formar riachos, que poderiam confluir e formar um grande rio.

Aí está uma fonte de confiança que podemos fortalecer com quatro princípios de esperança.

Princípios de esperança

O primeiro é o do surgimento do improvável. A história ensina que esse princípio é permanente. Lembro-me do estado de espírito em que estávamos em dezembro de 1942; eu tinha 21 anos, na época da batalha de Stalingrado. Naquele momento as forças nazistas dominavam toda a Europa e quase toda a Rússia Europeia. Hitler tinha até anunciado a tomada de Stalingrado. Mas uma resistência inquebrantável, desesperada, mudou o prognóstico. Tudo é possível diante dos ventos contrários, ainda que — citando Vassili Grossman — essa vitória da humanidade tenha sido ao mesmo tempo sua maior derrota, pois o totalitarismo stalinista saía vencedor.

O segundo é o princípio de regeneração. A humanidade tem virtudes geradoras/regeneradoras sem igual. Assim como em todo organismo humano há células-tronco dotadas de aptidões multivalentes próprias às células embrionárias inativas, também em todo ser humano e em toda sociedade humana existem virtudes regeneradoras em estado latente ou inibido. Trata-se de exprimi-las e, nesse sentido, toda crise atualiza essas virtudes. E, na crise planetária da humanidade, forças geradoras e criadoras despertam ao mesmo tempo que as forças retrógradas e desintegradoras.

O terceiro foi formulado por Hölderlin: "Onde cresce o perigo também cresce o que salva." A oportunidade suprema é inseparável do risco supremo.

O quarto é a aspiração milenar da humanidade a outra vida e a outro mundo, traduzida pelo paraíso das religiões, pelas utopias de Thomas Morus a Fourier, pelas ideologias libertárias/socialistas/comunistas, sem esquecer as aspirações das revoltas juvenis de 1968. Essa aspiração renasce na efervescência das múltiplas iniciativas dispersas a que assistimos hoje em dia e que poderão alimentar as vias reformadoras, fadadas a convergir para a Via.

Esperança não é certeza, traz a consciência dos perigos e das ameaças, mas nos faz tomar partido e fazer apostas.

Conclusão

Ser humanista não é apenas pensar que fazemos parte dessa comunhão de destinos, que somos todos humanos, mesmo sendo todos diferentes; não é apenas querer escapar da catástrofe e aspirar a um mundo melhor; é também sentir no mais profundo de si que cada um de nós é um momento efêmero, uma parte minúscula de uma aventura incrível que, prosseguindo a aventura da vida, efetiva a aventura hominizante iniciada há sete milhões de anos, com uma multiplicidade de espécies que se sucederam até a chegada do *Homo sapiens*. Na época do homem de Cro-Magnon e suas magníficas pinturas rupestres, este já tinha o cérebro de Leonardo da Vinci, Pascal, Einstein, Hitler, de todos os grandes artistas, filósofos e criminosos, um cérebro à frente de sua mente; ainda hoje nosso cérebro decerto tem capacidades que somos incapazes de utilizar.

A primeira globalização foi a globalização de dispersão e diversificação cultural, na diáspora humana de miríades de pequenas sociedades de caçadores-coletores espalhadas pelo globo. A partir dessas microssociedades surgiram em diversos pontos do planeta sociedades históricas, impérios da Antiguidade — sumério, indiano, chinês, inca, asteca. Essa história, com grandezas, crimes, escravidões, impérios que reinam e desaparecem, é uma aventura magnífica de criações e destruições, de misérias e fortunas. O Império Romano, que parecia inalterável e invulnerável, desmoronou, tornando-se motivo de meditação nos séculos seguintes. Depois, após um grande refluxo da civilização, num pedacinho da Europa lançaram-se conquistadores, e algumas pequenas nações — Espanha, Portugal, França e, depois, sobretudo, a Inglaterra — começaram a dominar o mundo; finalmente, assistimos aos acontecimentos espantosos do fim do século passado, a descolonização, a implosão da União Soviética e, no início deste século, a nova ascensão irresistível da China. Vivemos essa aventura inacreditável, com suas possibilidades científicas ao mesmo tempo maravilhosas e aterrorizantes. Portanto, humanismo, a meu ver, não é apenas sentimento de comunhão humana, de solidariedade humana, é também o sentimento de ser parte dessa aventura desconhecida e incrível, e ter a esperança de que ela continue para uma metamorfose, da qual nasceria um novo devir.

Cada um é indivíduo, sujeito, ou seja, quase tudo para si mesmo e quase nada para o universo, fragmento ínfimo e infirme da antroposfera; mas alguma coisa, como um instinto, insere o que há de mais interior à minha subjetividade nessa antroposfera, ou seja, liga-me ao destino da humanidade.

No âmago dessa aventura desconhecida, faço parte de um grande ser com os sete bilhões de outros seres humanos, tal como uma célula faz parte de um corpo entre centenas de bilhões de células, mil vezes mais células num humano do que seres humanos na Terra.

Faço parte dessa aventura inaudita, no âmago da própria aventura espantosa do universo. Ela traz em si mesma sua própria ignorância, seu desconhecido, seu mistério, sua loucura em sua razão, sua razão em sua loucura, sua inconsciência em sua consciência, e eu trago em mim a ignorância, o desconhecido, o mistério, a loucura, a razão da aventura. Participo desse insondável, desse inacabado, dessa realidade tão intensamente tecida de sonho, dor, alegria e incerteza, que está em nós como estamos nele...

Sei que, na aventura do cosmos, a humanidade é, de maneira nova, sujeito e objeto da relação inextricável entre, de um lado, o que une (Eros) e, de outro, o que opõe (Pólemos) e o que destrói (Tânatos). O partido de Eros é incerto, pois pode cegar-se e demanda inteligência, mais inteligência, assim como amor, mais amor. A aventura é mais que nunca incerta, mais que nunca aterrorizante, mais que nunca exaltante. Estamos sendo carregados nessa aventura e devemos nos alistar no partido de Eros.

Impresso no Brasil pelo
Sistema Cameron da Divisão Gráfica da
DISTRIBUIDORA RECORD DE SERVIÇOS DE IMPRENSA S.A.
Rua Argentina, 171 – Rio de Janeiro, RJ – 20921-380 – Tel.: (21)2585-2000